Herausgegeben von Ursula Fölmli

IGAJANUMENECHLIGALUEGE

Poetische Schweizerreise in Mund-Arten

Mit einem Vorwort von Pedro Lenz und
Illustrationen von Schang Hutter

Limmat Verlag
Zürich

Herausgeberin und Verlag danken für finanzielle Unterstützung:

Kulturstiftung Pro Helvetia **prohelvetia**

Kultur-Engagement des Lotteriefonds des Kantons Solothurn

Kulturförderung, Kanton Graubünden

Kulturförderung Kanton St. Gallen

Kanton Luzern

Kulturkommission des Kantons Schwyz

Kanton Bern

Kulturförderung Kanton Obwalden

Kanton Wallis

Im Internet
Informationen zu Autorinnen und Autoren
Hinweise auf Veranstaltungen
Schreiben Sie uns Ihre Meinung zu diesem Buch
Abonnieren Sie unsere Newsletter
www.limmatverlag.ch

Das *wandelbare Jahresverlagslogo* des Limmat Verlags auf
Seite 1 zeigt Sirenen, Nixen, Meerfrauen und -männer.
Sie wurden gesammelt, freigestellt, gescant und zur Verfügung
gestellt von Uz Hochstrasser und Kathrin Siegfried oder
stammen aus dem Verlagsarchiv.

Umschlagbild von Schang Hutter, Derendingen
Typographie und Umschlaggestaltung von Trix Krebs

© 2007 by Limmat Verlag, Zürich
ISBN 978-3-85791-520-8

MUNDART – EIN INSTRUMENT MIT VIELEN TÖNEN

Wird in literarischen Kreisen über Mundartliteratur geredet, geht es eigenartigerweise fast immer um Mundart und praktisch nie um Literatur. Die einen glauben, die Verwendung der Mundart sei schon an sich ein literarischer Akt. Die andern sprechen der Mundart die Literaturfähigkeit von vorneherein ab. Beide Haltungen gründen auf der irrtümlichen Annahme, Mundart sei ein Sonderfall, sei eine Sondersprache, über die wir uns wundern sollten, wie wir uns über eine seltene Tierart wundern. Dieses Missverständnis hat zur Folge, dass sich die Rede über Mundartliteratur meist im Betrachten der Eigentümlichkeiten erschöpft. Es geht dann nicht mehr darum, welche literarischen Stoffe auf welche Art bearbeitet worden sind. Stattdessen werden Schreibweisen diskutiert, dialektale Eigenheiten betont oder exotische Ausdrücke bestaunt. Wollen wir über diese rein staunende Betrachtung der Mundartliteratur hinaus kommen, sollten wir deshalb zunächst einmal mit dem weit verbreiteten Irrtum aufräumen, Mundart sei eine Besonderheit. Mundart ist nichts Abnormales, sie ist die ganz normale Sprache derer, die sie benutzen.

Mir persönlich ist es jedenfalls nie eingefallen, die Sprache, die ich täglich im Gespräch mit meinem Umfeld brauche, als etwas Seltsames oder Besonderes anzusehen. Seltsam wird unsere Umgangssprache höchstens dann, wenn sie uns schriftlich begegnet. Warum das so ist, lässt sich leicht erklären. Es hat vor allem mit Sehgewohnheiten zu tun. Wir erkennen manche Wörter nicht auf Anhieb, weil uns ihr Schriftbild nicht vertraut ist. Aber das ist nur eine kleine, rein optische Finesse, die mit der Sprache an sich wenig zu tun hat. Es geht also bei der Lektüre von Mundartliteratur bloss darum, die Sehgewohnheiten ein bisschen anzupassen. Das ist ein kleiner Mehraufwand, der sich sehr schnell bezahlt macht. Wir können nämlich dadurch, dass wir uns fast wie Kinder einem Text nähern, zu einem neuen, erfrischenden Leseerlebnis kommen.

7

Damit ist freilich auch schon gesagt, dass sich geschriebene Mundart einem literarischen Werturteil nicht entziehen kann. Das Gegenteil ist der Fall. Denn dadurch, dass wir Mundarttexte meist langsamer und aufmerksamer lesen, als Texte, die in einer Standardsprache abgefasst sind, kommen wir dem literarischen Blendwerk leichter auf die Schliche. Hohle Phrasen, gestelzte Formulierungen, Pseudointellektualismus, kurz alles, womit wir als Autoren zuweilen versuchen, unser Unvermögen zu kaschieren, wird in der Mundartliteratur leicht enttarnt. Das hängt mit den oben beschriebenen Sehgewohnheiten zusammen.

Selbstverständlich gibt es immer noch Leute die glauben, es gäbe schönere und weniger schöne, bedeutendere und weniger bedeutende, bessere und weniger gute Sprachen. Aber wer die Sprache und die Literatur grundsätzlich liebt, ist weit davon entfernt, einzelne Sprachen gegeneinander auszuspielen. Viel eher dürfte er an jeder Sprache das schätzen, was sie im einzelnen Fall auszudrücken vermag. Die hier vorliegende Anthologie von Mundartgedichten ist also nicht gut oder schlecht, weil sie Texte in Mundart versammelt. Sie darf und soll, wie jede andere Anthologie, nach der literarischen Qualität der ausgewählten Texte beurteilt werden.

Die einzelnen Autorinnen oder Autoren wählen die Sprache, in der sie schreiben wollen, immer nach verschiedenen Kriterien. Viele der hier versammelten Stimmen, stammen von Leuten, die ausser auf Mundart auch auf Hochdeutsch schreiben. Die Mundart ist für sie gleichsam ein anderes Instrument, eines, das vielleicht andere Töne hervorzubringen vermag. Die Wahl der Mundart als Literatursprache hat, aus der Sicht der Schreibenden, verschiedene Vor- und Nachteile gegenüber der Standardsprache. Zu den Vorteilen gehört unzweifelhaft die Möglichkeit, eine plastischere Illusion von mündlicher Unmittelbarkeit oder Realitätsnähe zu vermitteln. Die gesprochene Sprache lässt sich anders rhythmisieren, als eine Standardsprache. Mundart lässt sich, mangels allgemeingültiger Orthographie, freier gestalten und sie lässt sich einfacher zum Klingen bringen. Freilich ist es naiv zu glauben, all diese Ansprüche seien bereits durch die Wahl der Mundart erfüllt. Mundartpoesie bedingt von den Dichterinnen und Dichtern die gleiche Fähigkeit, die Sprache zu formen, wie jede andere Poesie. Und wie jede Poesie entfaltet die Mundartpoesie erst beim lauten Lesen ihr ganzes Wesen.

Von Ihnen, liebe Leserinnen und Leser, verlangt diese Sammlung viel mehr, als kritiklose Begeisterung für die eine oder andere Sprachmelodie. Sie verlangt Ihre Bereitschaft, sich neugierig, wach und vorurteilsfrei an die einzelnen Texte anzunähern, ähnlich wie Schulkinder, die sich staunend vom geschriebenen Wort berühren lassen.

Ich wünsche Ihnen dabei viel Freude und Gewinn. Und bitte vergessen Sie am Ende die Einsicht nicht, die uns Rolf Hermann in seinem Gedicht «Züegab» mitgibt: «Vill wichtigär als d Schpielig / Isch was därna chunnt. // Ds Fillu vam Schpielchaschtu / Mit noium Wassär.»

Pedro Lenz

9

Peter Wyss
HERBSCHTMORGEN

D'Nacht verschliift si niewwaumha,
Tag chunnd gwäschna obeninha,
Wolki fliegen heiuus uber ds Land,
d'Sunnen zeichned Schätten an der Wand,
Bletter wirblen, gälb und rot, im Wind,
Epfel ghiien z'boden, und es Chind
brieeled, will es d'Muetter niena weis,
niena gsehd; e Ttiren schletzt i ds'Greis. –

Mier ischt artig schwärr, bi wwie am Hag. –
Du chuuscht zuemmer, lachischt in dän Tag:
Niid von allem geid verlooren,
d'Tir ischt offenni fir mooren!

niewwaumha ⇢ irgendwohin
Greis ⇢ Türrahmen

Albert Streich
WEHTIENDS

Es Euto fahrd i d Nacht.
I schlaaffen niid
und losen ihm nah
und gheere's wiit.
Es hed de Tokter bbraacht.
Ganz näbenuus
inem einzigen Huus
geid's fascht nid meh,
macht epprem ds Läbe wweh.

Albert Streich

INDUUCHLEN

Aabe chunnd
über Bäärga embrin,
leid si im Grund
sametig hin.
Liid ubere Wwääldren,
si gspirren ne chuumm,
liid ubere Fäldren
en duuchliga Fluumm.
Spinnd um mi z ringsum
und liired mi in.
Weis niimma, ob i diheimmen
old wiit, wiit furt bin.

induuchlen → einnachten
embrin → hinab
old → oder

Maria Lauber

NUG ES MAL

Un umhi still am Wäg zergiit
es Plächchi Ysch im Schneä.
Das Triib, wa-n ig süscht gsuecht ha, giit,
I wiiss's, der Wäg net meä.

Un umhi ischt im Haselhag
der Schneä schon am Zergah.
U nie u nieämeä chunnt der Tag,
wa ddu mer wartischt da.

I stahn am Wäg, un us em Tal
git jitz e Glogga a –
I wellti nug es iinigs Mal
mit dier der Grund us gah.

Triib → Spur

Heinz Stauffer
FRÄSSE VOR LIEBI

Chrottemeiteli
Chrotteböhni
Chrotteschlängli
Chrottehäxli
Chrotteschpätzli
Chrottegitzeli

hesch mi geng no gärn?

Chudermandli
Chuderluuri
Chuderchüngu
Chuderchuzli
Chuderchuttle
Chuderchuter

dänk wohl dänk!

0 du liebs Sibeschläferli,
du härzigs Leghüentschi!

0 du schnuggeligs Maschtguseli,
du gluschtigs Schtinktierli!

I möcht' di
am liebschte
grad frässe!

Heinz Stauffer
DÄ U DIE DA

Dä u die da,
wo geschter
bi üs
i ds Parterre
inezüglet si,
di trinki schiints
us Prinzip
ke Alkohol.

Nimmt
mi nume wunger,
vo was
dass die
überhoupt
läbe.

Heinz Stauffer
ES HET SECH E NAME GMACHT ...

dr Öschtriicher mit Heimatfilme,
dr Dütsch mit Outomargge,
dr Liechtesteiner mit Briefmargge,
dr Amerikaner mit Chätschgumi,
dr Franzos mit Gamambeer,

dr Ängländer mit Pudding,
dr Russ mit Wodka,
dr Italiäner mit Salami,
dr Griech mit Wiibeeri,
dr Ungar mit Gulasch.

U mir Schwizzer,
mir
hei
haut
aus.

Laure Wyss
LIEBESBRIEF

Wo chunsch här, wär bisch du, i wetti gäre bchenne
chum necher, wenns dunklet und d'Nacht wider bös isch
dr Chuz rüeft, dr Wind wäit und d'Chräie sy fischter.
Wo bisch gsy, was hesch gmacht, viel hesch erläbt gha
wo d'Schue di hei furttreit und z'grosse Meer cho isch
hesch alls überstande, dr Tod isch dr noch gsy
hesch tänkt und hesch gwärchet und nüt hetti umgrüert,
nüt hesch vergässe, nie drus bis es isch z'Änd gsy.
Tue prichte, wies gsy isch, i wettis gärn ghöre.
Wenn de do bisch, i gschpüres, chamer nüt öppis atue,
tuesch es chüschele, lisli, und seisch was de gäre hesch.
Bisch immer no bimer? Nüt stört vorem Morge bis der
                    Garte verwachet
es zellt nume d'Nöchi und z'Schnuufe – bis de furtgeisch.

Heinz Stalder

der tag isch vergange
dliebi isch gschtorbe
ching hei si gnue

für nüt
u wider nüt
schlüft der ma
der frou
doch eifach
nid eso
i ds bett
das wär mer no

Heinz Stalder

e höret doch uf
das het doch
der tüfu nähms
e kei sinn
wes nume no schwinger
u jodler u jasser
u schützen u turner
u keiner pfärrer
u nume no schwinger
u jodler
u jasser
u schützen
u turner
u keiner pfärrer
me gäb

Walter Vogt

DAS UNSERVATER

Ins Berndeutsche übersetzt für Kurt Marti, der sagt, das kann man nicht.

vattr
im himu
häb zu diim imitsch soorg
üüs wäärs scho rächcht wett azz ruedr chäämsch
und alls nach diim gringng giengng
im himel obe-n-und hie bi üüs …
gib is doch zässe
u wemr öppis uuszfrässe heij
vrgiss daas
miir vrgässes ja oo wenis eine
dr letscht näärv uusziett
hör uuf nis machche zggluschschtte
nach züüg wo-n-is nume schadtt
hiuff is liebr chli –
diir gghöört ja sowisoo scho alls wos gitt

amen.

Endo Anaconda

ÄNGLE

i ha viel z lang usem volle gschöpft
mit em tüüfel flöige gfrässe
bi usegschwumme imne see voll roti rose
ha ir nacht heimlech weihwasser gsoffe
drache gjagt u bäre gsammlet
heiligi chüe id pfanne ghoue
glück im spiel gha – päch ir liebi
ha luftschlösser u sandburge boue

aber es git ja ängle
ängle schwäbe über dir
we nüt meh louft gits geng no ängle
sie stöh diräkt näbe dir
u plötzlech
chunnt e so ne ängel derhär
aber der tüüfel
chunnt grad hindehär

ängle, ängle schwäbe über dir
ängle, sie stöh diräkt näbe dir

ha wölle myni seel verchoufe
der tüüfel isch fasch verreckt vor lache
ha ei schritt füre gmacht u zwe zrügg
bi ufegstige – abegfalle
frag myni alte bruune schue
dür wele dräck mir düre sy
me läbt vielecht nume 2 x
doch ächti helde stärbe nie

es git ja ängle ...

Endo Anaconda
WIEHNACHT

d manne sy bir wiehnachtsfiir
u ds biecht hänkt i de böim
ds chrischtchind muess us schoggi sy
us gold sy üsi tröim
u der samichlous ligt rot u schwär
unterem nüünitram

ganz bethlehem isch total bsoffe
ds münschter macht bim bam

im mitgfüel wiegt der landstrich sich
und ds kabelböimli lacht
wär isch still ir stille nacht
wär het geschter d abfahrt gmacht
u der schnee isch wyss, das isch ke schnee
u d näbel laschte schwär
u filet gits zum wiehnachtspriis
ir luft üebt z militär

der schnee isch wyss, das isch ke schnee
u d ample stöh uf rot
e wyssi chatz suecht müüs im schnee
u schnee macht alli tot
unterem wiehnachtsboum bir BKW
lige zwöi im gälbe schnee
du fragsch mi nume wär isch das, wär?
s isch barbie, sie bumst mit teddybär

d manne sy bir wiehnachtsfiir ...

Biecht → Raureif
BKW → Bernische Kraftwerke

Endo Anaconda
WANDERER

wie d hüener zmitts im morgegraue
stöh si scho parat
mit de fürwehrrote rote socke
u em fotoapparat
die wanderer

die wanderer, die wanderer
die hei am huet e struuss
und e prügel gäge d hünd
und e revolver mit sächs schuss
die wanderer

we längwyli chönnt töte
wäre si scho nümme da
aber nach der erschte bläjig
göh si die nächsti routen a
die wanderer

die wanderer, die wanderer
die singe julidu
u wenn si nümm chöi wandere
näh si der subaru
die wanderer

wie herrlech lüchte d matte
u der bodepriis
die einsamkeit bim wandere
störe gäng die andere

die wanderer die wanderer
wo d wanderluscht se schrysst
dür z feisse grüene ämmital
wo der wolf die hose schlyfft
die wanderer

ii trudi, lue die bärge
lue die Serpentine
ufe mit em sässeli
u abe mit der lawine
die wanderer

die wanderer die wanderer
hei blase wie ballön
u stürze us de gondle
will wandere isch schön
die wanderer

Chlöisu Friedli

BEIZE-BLUES

Mängisch sy mer chly zäme,
u nächhär göh mer wieder usenang
es isch schön gsy,
es isch glatt gsy,
aber nid für lang.

Mir sy füf gsy amene runde Tisch,
mir hei über d Wäut gredt u was eso ume isch
dr Tisch isch nümme hie,
ds Bier isch nümme hie,
werum grännisch?

Si hei se renoviert,
die schönschti Beiz im Quartier
si wär no schön gsy,
si wär no glatt gsy
wie ne Schluck Bier.
D Wäng sy jitz wyss,
u aues isch so schtyf
es isch jitz chaut dinn
wie im Herbscht
am Morge
dr Ryf.

Urs Hostettler
ZIRKUS

d elefante wärde chlyner
d tiger wärde zahmer
d cloune-n immer truuriger

was hei mir verlore?

Urs Hostettler
REZESSION

grossstadtratte
recke ihri schlaue chöpf
us ihrne gheime guldnäster
u verchünde-n ihri dräckegi filosofie
mit stouz

Urs Hostettler
AUTER

i bi no z jung
für öppis z säge
müesst vorhär no ne huufe-n erläbe

aber tummerwys
dünkt's mi
i erläb scho jitz
immer wieder z glyche

Greis

DOUNIA

i gseh, ha verschideni wäge woni cha wähle
i lehre, u mach immer widr di glyche fähler
i maches für mi, gloub mer, ha spass drby
loufe witter, obwous mi aube fasch verstricht
i bi nid cool, i finge emotione si geil
erläbe imne tag meh aus dir maricones sit 3
wäm i troue? dene wo itz no hie si
läb mi troum, wott nid frustriert si mit 40i
i wirde mau e fröhleche aute ma
wo lachet im tram amene gwöhnleche namitag
erwache im troum i gloub i verschlafe d'realität
isches affetheater, auso, i schaffe de, aber später

i liebe rägä uf heissem asphaut,
dr gruch vo bänzin, dürd loube skate ir autstadt
heavy metal shirts a rapkonzärt,
immer z zwöuft unterwägs mitem härz no zbärn
villech isch mi grossvater mau stouz uf mi,
mini platte erfougrich, trag verantwortig
ke zwifu uf mi hett dwäut nid gwartet
zrügg zum primitive nur no frässe und schlafe

eigentlech wetti das mi aui gärn hätte
doch bi da wed unbedingt wetsch eine vo bärn battle
teile züg mit wo hie inn niemer ageit
bi mit öich u glych irgendwie immer alei
ke bock uf das bittere züg
lieber troui u wirde immer widr enttüscht
igloub i wird nid rych, was i wett isch ching
u mir isch glych wes pathetisch klingt es wird guet

ab morn schliessi fride mit mir
legä dwaffe nider u vergisse dr chrieg
keni verschissene gfüeu, wott chönne liebe wi müetter
keni vergiftete frücht, schiss glir wägä früecher, bitch
weisch so mani nüm,
i gibe aus oder nüt u auti narbe si früsch
so oder so figget euch säuber,
s'fliesst ke miuch für chäuber wo sech wi bitches benäme,
versteisch?
chum mer nid vo rap cho predige,
hüt sitemer z'weich figg eui wärtvorstellige
üsi zyt isch vergänglech wi herbscht,
säg nid z'läbä isch hert i mache ängle im schnee

Kurt Marti
GÄB'S

hinder
   de haar
   dr hutt
   em hirni
gäb's
   no meh
   weder haar
   oder hutt
   oder hirni
gäb's
   es panorama
   vo angscht
   e sintfluet
   us fröid

gäb's
  e tag
  ohni aabe
  e nacht
  ohni morge
gäb's
  e schprach
  und die wäri
  so schtarch
  und so frei
dass
  sech niemer
  getrouti
  se z'rede

Kurt Marti
BÄRBLE UND DR DÄNKER

i dänke
bärble
und wenn i
tue dänke
söllsch du
nid brüele

i dänke
bärble
und wenn i
tue dänke
muesch du
uf ds häfi

i dänke
bärble
und wenn i
tue dänke
wottsch de
schpile mit mir

zum kuckuck
bärble
was dänksch de
wien i
däwäg
söll dänke?

Gerhard Meister
DHANG VOM TOTE

ja u da het sech eine, wo ke Hang me het gha
dHang vomene Tote la annäihe
u de hei si när am Fernseh zeigt,
wie das usgseht
we me dHang vomene Tote het
u me het dGränze zwüsche sim Fleisch
u däm vom Tote ganz dütlech gseh
zmitts düren Ungerarm düre
isch da sone Zickzacknaht gange
wo chli het usgseh wie Stachudraht

u vorne, bim Tote
da isch zFleisch ganz bleich gsi
u hinge bi ihm, da het's ä gsungi Farb gha
u o mit Haar druf

aber dHuut vom Tote die het kener Haar gha
u o süsch nüt
u dKamera isch ganz nach druf zueche gfahre
bis aus nume no so imene häue
u difuse Rosarot isch gsi

när hei si wieder dr ganz Ma zeigt
u me het gseh wie ner sech mit dr Hang vom Toten
öppis ids Mu schoppet
äs Praline isch das gsi oder süsch irgend öppis Chlises
u meh het gseh wie ner sech dHang vom Tote het abgschläcket
u derzue het's när gheisse,
dr Ma heig die Hang vom Tote zweni träniert
u därum heig är i dere Hang jetz o zweni Chraft

wieso dass er die Hang vom Tote zweni träniert het
das hei si nid gseit
aber me het's em Ma agseh, dass er sech nid viu bewegt
är het ziemlich ä Ranze gha
u isch o im Gsicht ganz rund gsi
u so het me ne am Tisch gseh hocke
u sech mit dr Hang vom Tote ds Mu vouschtopfe

u när hei si witer verzeut
dä Mä heig jede Tag ä Huufe Tablette müesse frässe
wäg dr Abwehrreaktion gäg di Hang vom Tote
heig är das müesse mache
u di Tablettefrässerei sig em när verleidet
u därum heig er sech di Hang vom Tote wieder la abschnide
u so louf jetz dr eint Arm wieder ine Schtumpf us
was em aber, wie sie hei verzeut
nid so viu usmach
a das heig är sech ja scho gwöhnt gha

Trischtan Tromsig
IM NACHTSCHNÄLLZUG

Mir rase dür d Nacht,
flüssigs Liecht
versprützt
über d Schybe:

e Stärnecharte
vor Fyschtery
zittrig.

Es glitzeret hie,
dert lüüchtet's chly uuf,
e Tropfe flatteret da,
widerhet es Wyli –
u jagt jitz
schreg
dür e Himel.

I drücke mi
i mym Egge
i Mantel,

d Schybe vibriert
a der Schläfe,

us de Fänschterchleck
wääjt's chalt.

Fänschterchleck → Fensterspalt

Christian Schmid
WE DU CHUNSCH

D Schtraass ligt
vor dr Hustüür
win e früsch
aagsääite
Gaarte
un ii ma chuum
uf ds Wachse
vo dine Schritte
gwaarte

Christian Schmid
FRÜELIG CHUNT

D Tage
fienge sech
wider afa riimme
aber fasch niemmer
list
hüt no
Gedicht

Christian Schmid
FRÜELIG

We d Chirschboumwùuchen
i de Matte schtöö
i wiisse Blüeteglungge
We d Nussböim
iri blutten Escht

no zimperlig füruse hei
für zluegen obs heig ghiubet
We zwüsche wintergraaue Schtämm
d Bröösmeli vom eerschte Loub
wi fiine grüene Näbu lige
We d Vögu liede
das es e ke Gattig het
De isch es Früelig –

Ömu deert
wos Böim u Matte het

ghiubet → wärmer, milder geworden

Christian Schmid
FORTSCHRITT

Im Mittuauter
Gott
ir Renaissance
dr Mönsch
hüt
d Schpraach
u moorn –
de ds Schwige

Balts Nill
CHING WO FLÖTLE

wie die ihri elleböge ad rippi drücke
d lippe spitze
u uf d note luege
u ufpasse, dass sie emel ja ke faltsche

ton spiele
nid z fescht u nid zweni
dryblase i ihres flötli
u wie sie nachhär

ihres heftli abem noteständer näh
u mit em hüdeli der spöiz wägputze
u ihres flötli im etui versorge
u ds etui i schuelsack packe

i finde das gar nid härzig
sorry
aber wenn i ching ghöre flötle
de rüefeni:
«chunnt nech eigetlech nüt gschyders i sinn?»

Balts Nill
HEILIGE AABE

es liecht
im huus
la brönne

das schreckt
d ybrächer ab

Stefanie Grob
I KENNÄ DR KENÄ

Kensch du dr Kenä?
I kennä dr Kenä
U är kennt nä dr Kenä

U si kennt nä dr Kenä
Äs git fasch ä kenä wonä nid kennt dr Kenä

Redä mir vom glichä Kenä?

Wüu dä Kenä wo ni kennä, dä kennt fasch kenä
Auso dr Kenä kennt fasch kenä
U drum kennt o fasch kenä dr Kenä
Nid mau dr anger Kenä, wo du kensch u är kennt u si kennt,
kennt dr Kenä
Numä i – i kennä dr Kenä

Mani Matter

Aber aber aber
was isch das für nes Gschlaber!
Em Fritzli louft dr Haberbrei
anstatt vom Muul i ds Mägli
ussenum i ds Chrägli.

Mani Matter

Was isst dr Elefant z'Mittag?
Panierte Fisch mit Chöhli.
U d'Greeme, wo's zum Dessert git?
Die laht er stah, dä Löli.

Mani Matter

Vo Gott und Heiland het dr Leischt
kes Wort gseit hütt ir Schuel.
Das heisst: bevor das ds Chäpsli isch
losggangen undrem Stuel.

Beat Sterchi

SORRY!

Sorry! Het är gseit.
Sorry, was Sorry? Han ig gfragt.
Ja, Sorry!
Du, aber Sorry!
Sorry haut.
Aber Sorry du, merksch de du nid.
Ig ha ja gseit Sorry.
Ja, du hesch gseit Sorry.
Aber Sorry längt nid!
Sorry!
Sorry längt núm!
Vo itz a längt Sorry núm!
Sorry, vo itz a längt Sorry sägä num!
Eifach so schnäu schön Sorry sägä längt scho lang núm!
Sorry!

Beat Sterchi

FRANZ

Ig cha nid Franz.
Ig ha no niä Franz chönnä.
Mi Ma cha Franz.
Mi Ma, dr Franz, cha guet Franz.
Ig cha ke Franz.
Ig ha ke Franz glernt!
Ig ha niä Franz gha!
Ig ha ke Franz gnoh!
Franz het's nid gäh.
Mi Ma het Franz gha.

Mi Ma cha Franz.
Dr Franz cha Franz.

Mi Frou cha nid Franz.
Ig cha Franz.
Mi Frou het niä Franz chönnä.
Mi Frou het niä Franz gha.
Bi mire Frou hets ke Franz gäh.
Ig ha Franz gnoh.
Ig ha Franz gha.
Üs heis si Franz gäh.
Si cha ke Franz.
Ig cha Franz.
Ig ha Franz gha.

Beat Sterchi
HOMMAGE: DR GOTTHÄUF

Dr Gotthäuf, oder?
Dr Gotthäuf, wüsster!
Dr Gotthäuf, verstöhter?
Dr Gotthäuf oder?
Dr Gotthäuf müässt dr wüssä!
Wüä dr Gotthäuf, dr Gotthäuf!
Wüä dr Gotthäuf, denn im Ämmitau!
Dr Gotthäuf, denn aus Pfarrer!
We me drum bym Gotthäuf luägt!
We me drum ä Gotthäuf dänkt!
Was dr Gotthäuf seit!
U was dr Gotthäuf eigentlech!
Wüä dr Gotthäuf het ja scho!
Dr Gotthäuf het ja scho denn!

Dr Gotthäuf het ja scho immer!
Dr Gotthäuf het das aus!
Dr Gotthäuf, oder!
Dr Gotthäuf, wüsster?
Dr Gotthäuf, verstöhter?
Dr Gotthäuf, oder?

Beat Sterchi

DREI SCHMÄTTERLINGE

De redt me da öppe
mit öpperem
öppis
u
de redt o öppe
öpper öppis mit eim.

U de redt me öppe dert
öppe mit öpperem
öppen öppis
u
de redt
hiä mit eim öppe n
öpper öppen über öppis.

U de redt öppe öpper
da öppen öppis
u öppe
de
redt öppe
dert öpper mit öpperem
über öppen öppis vo öppis angerem.

Adolf Wölfli

Zwo Gufa n und, a Tubak=Pfiiffa;
Wei m'r Dah, Cho d's Füdla griffa;
Karalina, flii=ih und;
I nahra Mina, nii=ih Hund.
?Woh schuf a Mund, a ruhsak Stiiffa;
Leih' m'r Schah, Zwo Südla schliif a;
Chara zina, nii=ih 'Gund.
I ha Na i na, Schmit=ta;
Aba i bi na, Muni Lisa;
?Cha n i wied'r, Funi wisa;
Wahra schihna, Hii=ih rund;
A Bahra miihna, nii=ih und.
O suf a Schund, a Tuija kniiffa:
? Hei M'r Dah, no Füdla griiffa:
Nara dina, niiih:
I gritta n a ma,
Viih; Fliih, Chliih.

Ist 34 Schläg, Marsch.

Adolf Wölfli

Schiiss Duh a d'Wand
U striichs i d's, Mu=uuh.
Rek duh m'r, D'Hand;
duh bist ja, Fu=uuh.
Weh duh d'r, Brand;
Und wix Ihm d'Schuuuh.
La Du n a,
Schiiga nitt;
Laguna, wiiga witt.

Biiss Duh a d'Schand;
U. wiich 'S itz, Iuuuh.
Fek Duh d'r, Zand;
Bunt trig's Ihm, d'Ruuuh.
Lek zuh f'r d', Hand;
Duh bist a, Chuuuh.
Soh schreit d'r, Kukuk;
Ku=,ku=uuh.

Ist 48 Schläge Walzer. Gez. Adolf Wölfli. Bern. Schweiz.

Adolf Wölfli

?Ist das mis liaba, Schwiz'r=Chind;
Wo dert am Bode, steit:
Das ist ja doch nit, wie n as Rind;
We's scho i Graba, g'heit:
D'rwila wil i, d'Schuah no bind;
Im Wald d'r G'gugg'r, schreit;
Itz flügt 'R ufa, uf a Grind;
?Wie ist doch däh, so breit.

Gez. Engel, Halialunka; Reganoff sitzt, i d'r Tschunka.

Ernst Eggimann
FLUECHFUGE

gopf rid schtutz
hei mat land
sak ker mänt
fluech doch nid
hei mat schtutz
gopf rid mänt

sak ker land
fluech doch nid
gopf rid land
sak ker schtutz
hei mat mänt
fluech doch nid
sak rid schtutz
hei ker mänt
gopf mat land
fluech doch nid
hei land mat
hei land schtutz
hei land mänt
fluech doch nid
hei land tonner

Ernst Eggimann

langsam rede
wort für wort

ds gläsene vergässe

drybysse
wörter chöie
muuwörter

was hei si für ne chuscht
vo au dene
wo se gseit hei
vo au däm
wo si gmeint hei

luftwörter huuchwörter
zum einten ohr y
zum anderen ohr us

u settigi wo men abeschlückt
u nie seit
magewörter

wörter uf der zunge
wörter zwüsche de zähn
wörter ganz hinde chuum z verschta

u was me brüelet u päägget

u was me chüschelet

u was me verschwygt

langsam rede
wort für wort
e bärndütsche satz
zmitts i d wäut

Ernst Eggimann

eduwiss
edurot
eduauso
edukitsch
am erschte ougschte
der liebgott chunnt
im morgerot
d blüemlisaup

het blüemli
u d heude schtö
bi murte
es rüert di ou scho
eduauso

Ernst Eggimann

we n er gieng
    das miech nüt
we n er sieg
das er gieng
    das miech nüt
we n er chiem
u äntleche sieg
das er gieng
    das miech gar nüt
we n er nume gieng
u nie me chiem

Ernst Eggimann

dubinidu
dubischdudu
dusimerdu
wosimerdu

dubischdududundegsi
dubinidudobegsi
dusimerduda
dusimerduhie
wosimerduhi

Ernst Egimann

weiter
nei
weiternid
nei
eweiternidechli
nei
washeiter

wohiwosch
wohiwoschiz
wohiwoschizno
wowoschiznohi
igajanume
igajanumegaluege
igajanumenechligaluege

los
losiz
solosiz
solosizdoch
solosizdocheinisch
solosizdochäntlecheneinisch
solosizdochdeäntlecheneinisch

i
loseja

Ernst Eggimann

mir schwizzer si fliissig
mir schwizzer si fliissig
si fliissegi schwizzer
si geng no fliissegi schwizzer

mir schwizzer si zfride
mir zfridene schwizzer

mir schwizzer si früntlech
mir schwizzer si grüntlech
mir schwizzer si pünktlech

mir hei charakter
mir hei sorg
mir hei gäut
mir heis verdienet
mir hei kes schlächts gwüsse
mir heis hert verdienet
mir hei ke angscht
mir schwizzer hei e ke angscht
mir schwizzer hei e ke angscht
mir schwizzer hei e ke angscht
mir schwizzer hei e ke angscht
mirschwizzerheiekeangscht
mirschwizzerheiekeangscht
mirschwizzerheiekeangscht
warum sötte mer o?
e schwizzer het e ke angscht

Ernst Eggimann

üsi schwizz
üsi   schwizz
üsischwizz
üses schwizzli
üses liebe schwizzli
üses liebe chliine schwizzli

üsi schöni schwizz

üses land
üses ländli
üses schöne ländli
üses schöne chliine ländli
üses gärtli
üses schwizzerhuus

üsi schwizz
üs
üs schwizzer
üsi schwizz
geng no üs
üsi   schwizz

üsi bärge
üsi bäch u see
üse himu
    heilandtonner
üse himu über üsne bärge
    gschpieglet i üsne see

Ernst Eggimann

e tummi chue
git
me chääs u
gröser glochete
aus
e gschidi chue
aber bi üs gits
nume
grossglochete chääs

Ernst Eggimann

e gueti chue
mues
es muu vou gras
mit zuene n ouge
öppe
füfzg mau chöie
bevor sis
ds zwöite mau
schlückt
nume so wird
ds grüene gras
schön wiss

Ernst Eggimann

du gueti chue
tuesch bim hueschte

t ouge zue
di söue d miuch
haut choche

Ernst Eggimann

we n e chue
i d sunne luegt
geit ds liecht
wit ine
de ischs i n ere chue
nümme so
schwarz
wi we d chue
t ouge zue
het

Hans Ulrich Schwaar
AUPHIRTE-EERIG IM EGGIWYU

Mit Chrücke, chrùmme Scheiche
sy si daa gschtange
aber d Ùùge hi gglänzt

Der Förschter het gredt
u guet het er gredt
mee aus e Haubschtùng

Der Pfaarer het gredt
u schöön het er gredt
gwüss fasch e Haubschtùng

Der Presi het gredt
u fyn het er gredt
nid ganz e Haubschtùng

Drei verwärchet Familie hi gredt
kes Wort hi si gsiit
i ghööre se no

Pedro Lenz

LEHRE WIE ME LEHRT

D Lehrere vom Leo,
vo üsem Chlyne,
kenneter die?

Dings, heisst sie,
auso, äbe,
dir wüsst weli,
isch jo jetz glych.

Die hets jetz auso
leider nid im Griff,
die Schueugotte,
tuet mer leid,
aber i mueses säge.

Und jetz gyt doch
die Lehrere däm Leo
sones Lehrbuech mit,
wo die Ching schiints
chönge lehre
wie dasme richtig lehrt.

Jo, dir heit richtig ghört,
lehre, wie dasme söu lehre,
«Lehrmittel leichter lernen»!

Dasch doch nid normau,
was dene Pajasse dört
i dene Schuele
afen aus i Sinn chunnt!

Das hei mir ömu synerzyt
nie müesse lehre,
mir hätte gar nid Zyt gha,
für no z lehre
wie dasme lehrt,
wöumer süsch scho gnueg
hei müesse lehre,
i meine jetz richtig lehre,
richtige Lehrstoff:
Biologie, Math, Franz
und Schwizer Gschicht,
grad Schwizer Gschicht,
das heimer denn müesse lehre
u zwar lehre
u lehre u lehre
bises dinn isch gsy
bim letschte Lappi
eifach dinnen ir Festplatte!

Und mi persönlech het jedefaus
gar niemer müesse lehre,
wie dasi das aus mues lehre,
wo mir hei müesse lehre.
Has haut eifach glehrt,

he jo, eifach glehrt hanis,
eifach aus zäme
i Gring inebbige,
was de süsch?

Morgarte, Marignano,
Kappeler Müuchsuppe,
Napoleon, Sonderbundschrieg,
hetme aus eifach glehrt, denn
chronologisch, logisch
und zwar inklusive Johrzahle.

Iiverschtange, es het hert gha,
i gibes zue,
aber es ischmer ine,
hundertprozäntig!,
und zwar ohni Lehrmittu,
wo eim lehrt,
wie dasme söu lehre.

Guet, i mues vilecht ou säge,
das ig hüt viles vo däm,
viles vo dere Schueuzyt
wieder ha vergässe,
eigetlech aues,
aber i has säuber glehrt gha,
synerzyt,
«alles selber, macht der Felber!»
ohni dere Superlehrmittu,
auso geits ou niemer öppis a,
obis hütt no im Chopf heig
oder ob nid,
gar niemer geits öppis aa,

das isch mini Privatsach,
das lonimer auso
nid ou no lo vorschribe,
würd grad no fähle,
das i nid säuber dörft vergässe,
was i säuber bbüfflet ha gha,
ohni Lehrmittu, wie mi Leo,
bi dere Frou Dings.

Pedro Lenz
LUPO

Är wott haut scho,
är tuet haut scho,
är hets haut scho,
är machts haut scho
wahnsinnig gärn,
das Umeschmöcke,
zwüsche de Bei.

Dir müessts nid persönlech näh,
är isch no jung,
är isch no chlyn
är isch no verspüut,
är meints jo gar nid eso.

Är wott haut scho,
är tuet haut scho,
är hets haut scho,
är machts haut scho
wahnsinnig gärn,
das Markiere,
a jedere Wonigstüre.

Dir müessts nid persönlech näh,
är isch no jung,
är isch no chlyn
är isch no verspüut,
är meints jo gar nid eso.

Är wott haut scho,
är tuet haut scho,
är hets haut scho,
är machts haut scho
wahnsinnig gärn,
das Uechegumpe,
uf die Chinderwäge.

Dir müessts nid persönlech näh,
är isch no jung,
är isch no verspüut,
är meints jo gar nid eso.

Und übrigens:
Är heisst Lupo,
chunnt vo Wouf,
isch italiänisch.

Ernst Burren

IMMER S GLICHE GWICHT

i bi gäng
öppe glich schwär
immer öppe so
zwüsche 65 und 67 kilo

i ou
i trole immer öppe so
zwüsche 93 und 96 kilo ume

mir geits genau glich
sit johre bin i immer öppe so
zwüsche 125 und 130 kilo

mir si haut ou öppe
die gliche tüpe
glich aut
und ässe äuä ou
öppe glich

Ernst Burren

D WIENACHT LOSLOH

dr rouschinke isch gschnitte
dr wii het die richtigi tämperatur
gschänk si unger em boum
d cherzli brönne
s wienachtschingli het glöggelet

de müesse mer dänk
losloh

Ernst Burren

S WITERLÄBE NACH EM TOD

dr hans beschäftiget sech
i dr letschte zit
vüu mit em tod
und mit dr frog
was nächhär ächt chömi

i han em gseit
i säuber machi mir
do keini grosse gedanke

i bi drfür
dass me sech
loht lo überrasche

chunnt nächhär no öppis
ischs guet

chunnt haut de nüt meh
i gotts name

de het er mi gfrogt
ob i de nid
anes witerläbe
nach em tod gloubi

da han em gseit
das chömi ganz druf a
im momänt
wärs mr
fasch zwider

Ernst Burren
ZENTRAUVERRIGELIG

früecher
bin i immer
um s outo umegloffe
ha dr frou
d türe ufto
se ineglo
und de d türe zuegschletzt

mit dr zit
bin i de
zerscht igschtige
und ha dr frou
d türe vo inne ufgmacht

sit churzem
han i nüt meh
z tue mit ere
bim ischtige

s nüie outo
het drumm
zentrauverrigelig

Ernst Burren
S GUUDIGE HOCHZIT

am guudige hochzit
si mer zäme
nach hammerfescht
gfloge

das isch
vor sächs johr gsi

i ha scho
mängisch gseit
z dr frou
gottlob hei mer denn
nümme lenger gwartet
mit hürote

jetz chämte mer
mit em glichlige gäut
nume no bis
nach schtockholm

Ernst Burren
VILLECHT ES ANGERS MOU

es tuet mer scho leid
dass i zum fritz
nid a d beärdigung
ha chönne go
är wo üs so noch gschtange isch

jo
seit dr ma
villecht gits es
es angers mou

Ernst Burren
SCHWIRIGI ZITE

vüu kollege verlüre ihres gäut
a dr börse

d froue loufene drvo

im garte frässe d schnägge
dr salat

dr liebgott luegt zue
und macht wies ne nüt agieng

drbi weiss är doch genau
das isch nid irgend öpper
wos eso schlächt geit
das si doch aues schwizer

Ernst Burren
GUETI PROTHESE

d öutere von em
si gäng noni
drüber ewägg

dasch haut
scho öppis
und de erscht
23

aber es git jo
afe gueti prothese

Ernst Burren
GEITS ÄCHT WIES MUES

i gloube
äs geit äuä
scho aues eso
wies mues

wenns nit
gieng wies mues
miech mes
jo dänk angersch z go

villecht isch gschider
me weis gar nit
wies sötti go
dass richtig gieng

und weis ou nüt
vo dämm
wo no wird cho

das miech eim
villecht nume angscht
und was hätt
me de drvo

Franz Hohler

DR TOD

Dr Tod
isch nid eine
wo eim uf d Schultere chlopft
und seit
chumm mit

sondern eine
wo eim i beidi Arme nimmt
und drückt
und drückt
bis me nüt meh anders
cha dänke
als

jo
i chume

Franz Hohler

HERBSCHTGEDICHT

dusse goht der Wind
e Flöige putzt der Grind
de Schpatze glänze d Schnäbel
e Chue seicht dure Näbel
me gseht si eignig Schnuuf
s Benzin schloht wider uf

Franz Hohler

S LÄBE

Mängisch dunkts eim scho
dass s Läbe nüt anders sig
als es Gwitter

und mir

mir seckle derdur
und der eint breicht der Blitz
und der ander nit
und nienen e Hütte
wyt und breit.

Christian Mueller

ig iss mi schnäller, als ig wachse cha.

Christian Mueller

wie bini numme so wit cho?
plötzlich bini scho do.

bi doch vori grad
no dört hinge gsi.

und jetz

ig ha vrgässe,
woni schtoh blibe bi.

Christian Mueller

me lauft immer gradus.
me meint, es sig flach,
doch s goht immr chli ufe.
wäge däm isch s so aschträngend.

Christian Mueller

ig wett alles ufschribe,
dass ig s bhalte cha.
nit vrlier.
nit vrgiss.
dass es bi mir blibt.
nit furt goht.
nüt furt goht.
mi nüt elei loht.
dass alli bi mir blibe.
niemer furt goht.
ig nit elei bi.
nümm elei blib.

Christian Mueller

am liebschte würd ig oich alli umbringe.
und mit mir würd ig avo.

Franz Aebischer

D'WAALE

Vor de Waale
Hi si a garnierti Blatta piizt
U dermitt
Hi si gwùne.

Na de Waale
Hi si a Chnoche vûra gschmiizt:
Jitz frässet
Yir tùme Hùne!

piizt → zum Ködern hingestellt
Hùne → Hunde

Franz Aebischer

D BOMBA

Juhuj
Jitz git es a Bomba
Di schadet fasch nüt!

Si tötet
Nùme no d Lütt!
Nùme no d Lütt!

Franz Aebischer
DS FERNSEE

Fùr de Affe z passe
Isch ds Fernsee
I Urwaud gfloge.

Di arlüüchtete Affe
Hi Grymasse zoge
Was wott mù no mee?

Hubert Schaller
DEICHE

Ging wen i im Deiche
naadeiche
isch ds Deiche im Deiche
a Schritt voruus

Ging wen i im Deiche
voruusdeiche
isch ds Deiche im Deiche
a Schritt hindernaa

Ersch wen i
ds Deiche-z-deiche
laa syy
stüme ds Deichen
ù ds Deiche
schöön ùberyy

Hubert Schaller

A LEERI CHÜÜCHA

Was git es
Schönersch
aus a leeri
Chüücha

Vor i de
Mitti de
Härrgott

Ù niemer
wa
stöört

Hubert Schaller

SCHÜFENEBRÜGG

Jùng
no so jùng

Vùrzwyyflet
ara Ùnderdosis
Lääbe

Hubert Schaller
HESCHÙDASGSEE

heschùdasgsee
heschùjitzdasgsee
heschùjitzaberdasogsee

i hasjaschoginggseechoo

Hubert Schaller
FAMYLIFOTO II

Iis näbùm andere
ali gägenandere
ali iir Miinig
mueterseelenaliinig

Marcel Wunderlin

BAANHOF

Me isch scho halbwägs in dr Fremdi,
es schmeckt no Chaaresalbi, Roscht und Schtaub,
echly no Abschied und no Heiweh,
no Tränen – oder Glück.

Do schreyt eim alles fremd in d Oore,
es gyxe Brämse, Waagereeder boldere vorby,
es pfyft und zischt ringsum,
Lutsprächer halle grell dur d Halle.

Do isch me nit dehei, me isch ein under ville,
me wartet, hockt – stoot uf
und luegt allbot uf d Uhr
zum Lenger-Blybe lockt eim nüt,
s isch nüt as numme Schtazion.

Fetch

EL NIÑO

Na klar doch närv au ych mi z'oft über irgend e Arschloch,
aber myyd Konflikt, denn was drus wird, erfahrsch doch
in de tägliche Noochrichte vor dr flimmernde Mattschyybe.
Die Trottel, wo kämpfe statt dichte, würd y am liebschte platt-
schryybe.
Ych mein: dr Schtei vom Aaschtoss isch oft ganz harmlos,
e falsche Blick, e Missverschtändnis, d'Reaktion isch massloss.
Dr Konflikt entfaltet sich und d Situation eskaliert,
nur no Hass und Gwalt in Sicht, und keine hett's kapiert.

Es herrscht e kalte Krieg wie friehner zwüsche Oscht und Wescht,
und ych will lieber nid wüsse, wie viel dä Scheiss koschtet hett.
D'Macht vo einscht roschtet jetzt bi de Sowjets oder in China,
und es chlöpft immer wieder zwüsche Israel und Palästina.
«El Niño» goht umme, und das nid numme im Klima.
Die ganzi Wält e Schlachtfäld, aber mir gohts eigentlich prima.

Do liggsch also, verschtümmlet uf em Seziertisch,
und d'Wält interessiert's nid, wie Du krepiert bisch.
Friedensabkomme zur Tarnig, denn wo die wyssi Fahne flattered
liege Veterane bestatted, nur Hut und Knoche, wo klappered,
uf Syte vo de Hinterbliebene, das heisst: zerschtörti Familie,
wo nid wüsse, wo dure und wo sie's hizieht,
denn s'Heim isch zerbombt und dr Machthaber mit Dachschade
ignoriert das Meer vo Klage, verborge hinter dr Fassade,
will: es wär jo hinderlich, wenn öpper derhinterblickt
und merkt, dass, wo d'Regierig sitzt, alles no viel schlimmer isch.
«El Niño» goht umme, und das nid numme im Klima.
Die ganzi Wält e Schlachtfäld, aber mir gohts eigentlich prima.

Stell dr e Freestyle-Battle vor: Sharon gege Arafat,
Politiker, wo Klartext rede und nid nur predige wie beknackt.
Die heiligi Schtadt als Mekka für MCee's us jedem Land,
und dusse vor dr Huustür breake die Junge gegenand
anstatt mit Schtei z'wärfe und uf dr Schtrooss z'schtärbe,
währenddesse d'Kinder deheime in Friede gross wärde,
erzoge vo Elterteil us verschiedene Kulturkreis.
Aber leider isch die Zyt nid die, wo's uf miner Uhr zeigt.
D' Vergangeheit belaschtet, und keine will's vergässe.
Konflikt wärde mit Arschtritt und nyd mit Skills bemässe.
S'isch wie bim Pilzlifrässe: Himmel- oder Höllefahrts-
                    kommando,

denn, wie will Friede z'schtandchoh mit Kriegsschiff vor Anker,
belade mit Elitetruppe, wo jederzyt könne an Land goh?
Wenn jede uf sim Punkt verharrt, denn goht das jo no lang so.
Mir bruche Peace statt Panzer und Idee statt Waffe,
damit mr keini Konflikt, sonder neue Platz schaffe.
«El Niño» goht umme, und das nid numme im Klima.
Die ganzi Wält e Schlachtfäld, aber mir gohts eigentlich prima.

Heidy Würth

IM DIRRE LAUB

Y schlurbb im dirre Laub.
s deent aige – jede Schritt.
Und s fiserlet; y glaub,
y nimm dr Summer mit.

Är gläbbt sich an my Fuess
mit Bletter – gääl und rot.
Är mecht, ass jetzt sy Gruess
mit mir em Wäg noh goht.

E wunzig Vogelnäscht
hangt läär am blutte Baum.
E warme Sunneräscht
lyt undrem Näbelsaum ...

Robert Karch

WIEGELIED

Juhui!
D Schwiz isch d Wiege
vo dr Demokratii!
Dört steckt si
hütt no din

Robert Karch
FÄRNSEH

Für d Lengi
vome Film
kei Stritt
in der Familie

Robert Karch
KOMPENSATION

Es git viil z wenig
Theater und Film

Die geborene Schauspiiler
wanderen ab
in d Politik

Josef Villiger

TANNENFÄLLER

Chunzi?
Lozi?
Gheizi?

Sirozi.
Slüpfzi.
Snimzi.
Sleizi.

Shezi.

Josef Villiger

GENERATIONEPROBLEM

I säges nur einischt
seid de Vatter.

I säges eisti wider
seid d Mueter.

I säges nid zwöimol
seid de Vatter.

I säges eebigsmol
seid d Mueter.

I säges s letschtmol
seid de Vatter.

I mag nüd me säge
seid d Mueter.

Me darf nüd me säge
seid de Vatter.

Wenns nur öppis seitid
sägid die Junge.

Josef Villiger
SELBSTBESCHIMPFUNG

Und ich
huere n Aff
eifältige Lappi
chaibe Tschumpel
bschissne Galöri
blöde Gaggelari
glichgültige Zöttel
alte Löli
dumme Tscholi
freine Mutti
guete Tschope
fertige Löffel
dopplete n und
drüfache Tubel
und Teiggaff
ha vo allem
nüd gmerkt.

Simon Libsig

EN SCHRITT WIITER GOH

Dasch wieder mol en Tag, won ich alles wot ändere,
lieber mit Deer am Meer noschländere,
i andere Länder e Zuekunft sueche wött
als gschtört verstört und voll denäbä,
als voll vergäbä, mitme Groll dur s'Läbe z'hetze.
Jetz e Pause mache –
überlegge, tschegge, weli Sache richtig wichtig sind,
wer mech au a mine schwache Täg no zwäg find,
mech dänn zum Lache und wieder zrug uf de Wäg bringt,
wer über Häg springt, um mit mer am zwoi am Morge
sorgefrei im Freibad z'bade, ade Bahnhof chund,
e Stund bevor min Zug achund, und wartet,
wer mit de gliche Ziel vor Auge startet,
i de Nacht mit de gliche Träum ufwacht wien ich,
hey Mann, was hann ich gmacht?
Ich hann das alles wie vergässe, ha mis Glück dazmal
ade Azahl Adrässe i mim Organizer gmässe,
bin wie besässe umezoge, nume goge fäschte, han chäschtewis
Bier gsoffe,
Lüt, wo mer schier nüt bedütet, troffe, bin offe gsi,
und oft am zwoi z zwoite und doch chli allei heigloffe,
nei, ich hoffe, ich han's jetzt gschnallt,
das alles git mer zwenig Halt, hät zwenig Ghalt, s'wird halt alt,
so überall nur chli easy debi si, miesi Musig ab Computer,
luter schrägi, trägi Trendis, wo mit em Handy s Güpli ade Bar
bschtelled
und verzelled, sie wellet no dieses und jenes und das, –
wo mit em Glas ide Hand en ganze Märliband chönd fülle, wo
chönd vorwärts brülle

und trotzdem stoh bliibe, sich wie'ne Schiibe im Chreis drülle,
im Chreis drülle, sich wie'ne Schiibe im Chreis drülle, drum:
jetzt e Pause mache, überlegge, tschegge, weli Sache richti
wichtig sind,
ich find, ich bin nöd nume do zum nume umestoh, ich will de
Chreis verloh und jetzt en Schritt wiiter goh.

Claudius Weber
GSÄNDER NE?

gsänder-ne no?
gsänder-ne néd?
gsänder-ne schto?
händer-ne gsé?

gsänder-ne no?
wo éscher hé?
gsänder-ne no?
zrogg éscher néd?

gsänder öb's tüscht,
déte-n-ém schéuf?
vernänder es grüsch?
hépet's om héuf?

gsänder-ne no?
ésch er no do?
änderet d'frog?
sötte mer go?

Claudius Weber

HELVETICUS

cha néd aus
cha néd mé
bé nome da
da woni bé

aues da
woni gsé
chani's ha
loni's dét

do ésch mé
ha's erläbt
bhaute's néd
s'ésch ewäg

blibt's tönn
wo's néd sött
chonnt's nömm
ou wèni's wètt

säge jo
i ha gnue
schtone do
luege zue

lueg för dé
lueg néd z'véu
ség's dè gsché
ség's wé's wèu

bésch e chline
bésch niene
bésch mine
bésch niemer

bé no do
bé no dra
lo lo go
lo mi a

Max Huwyler
ARBETSWÄÄG

am morgen im zug
sägids enand
was de am oobig
wänd mache

Max Huwyler
STROOSSE

Stroosse gheiid wie Escht
ufs Land
Chasch lang waarte
bis die verfuulid

Max Huwyler
REZESSION 1983

hindenobe
uf de güselwääge
redits wider schwiizertüütsch

Max Huwyler
TSCHERNOBYL 1986

so öppis
wie tschernobyl
gäbs nur all drüü- bis füüftuusig joor
jetz goods ämel wider
es wiili

Max Huwyler
ENTWICKLIG

Jetz säid dee bimäid
är mües no
d Wiiti vom Wasser meditiere
Früener
hesch äifach
i See usegluegt

Max Huwyler
ADVÄNT

Gänd Rue
do unde
susch händer
mi Bueb de gsee

Max Huwyler
AM LIICHEMÖÖLI

Es isch scho truurig
dass s Vreeni
scho hed müesse goo
Äs hätt sicher
no gäärn
es paar Jöörli gläbt
Äs isch es Guets gsii
Hets jetz nid no
sones Komöödli ghaa

Max Huwyler
D MUETER ZÜGLET

d mueter
good is altershäim
d telifoonnumere
cha si phalte

Max Huwyler
IM ALTERSHÄIM

D Frau Landtwing
hed gsäid
Jää moll
lisme chönn si no guet
Aber für wer

Jurczok 1001
STREUBOMBE

Mi griffed ah bi Neumond
demokratisch wi Streubombe
jede cha wähle, ob er stärbe wott
oder zu ois chunt

Friss Pommes frites
für Friede und Freiheit!
wänn di e Bombe trifft
flüsst Bluet und kei Ketchup
es tut mer leid

I de Schwiiz
schiebemer e ruhigi Chugle
produziered Waffe
läbed wiit wäg vom Schuss
und chönds am TV gaffe

Bruuchemer verstrahlti Chind
mit zwei Chöpf und kei Ärm
bis mer märked
dass mer Arschlöcher sind?
mached Lärm!

Ich schetze Läbensqualität
und liebe d' Wahrheit
vor allem wänn sie ufflügt
wie Kampfjets für d' Apartheid

Im Vergliich zu anderne Länder
gahts ois bländend

zersch de Gwünn ihstriiche
nachhär go Bluet spände

Gäbts fü jedi Million
e Liiche in Chäller
wär underem Paradeplatz
e riisigs Massegrab

träumed wiiter vo Neutralität
und jassed in Tag

Jurczok 1001
BAUSTELL

Vor de Baustell staht en alte Ma
und luegt de Arbeiter zue
er hät d' Händ im Sack
und treit wasserdichti Schueh

Zwüschedinne chunt en Kolleg
und sie wächslet es Wort
über d' Tüüfi vom Loch
und de Muldetransport

D' Arbeiter lüchted gäl
und es rägnet uf ihri Hüet
a ihrne Schueh chläbd Dräck
de Räge schlat ihne ufs Gmüet

Da gäbs es Spital
mit achtzäh Stöck
de Alt malt mit de Krücke
i de Luft die plante Blöck

De Kolleg rüeft is Loch
wänns ächt fertig sind
de Alt luegt in Räge
und hett gern Änkelchind

Eugen Gomringer
SCHWIIZER

luege
aaluege
zueluege

nöd rede
sicher sii
nu luege

nüd znäch
nu vu wiitem
ruig bliibe

schwiizer sii
schwiizer bliibe
nu luege

Eugen Gomringer
DÖRF I

dörf i
dörf i au
dörf i au emal

dörfsch nöd
dörfsch nanig
dörfsch na lang nöd

dörfsch duu
dörfsch du au nöd
dörfsch du au nanig

dörfsch nöd
dörfsch nöd stimme
dörfsch na lang nöd

susch dörfsch scho
susch dörfsch alles
weisch

Eugen Gomringer
BISCH XII

bisch xii
sötsch gaa
muesch gaa

bi scho xii
sötti namal gaa
söli namal

gang namal
sötsch namal gaa
hütt na

Heinz Wegmann
REISE

mer sind furt xi
mer sind wiit furt xi
mer sind lang furt xi

det simmer xi
det simmer au xi
det simmer au na xi

da sind ihr
niene
meh

Heinz Wegmann
OPUS 3

dolce

öpis träume
öpe n'öpis träume
öpe n'öpis schöns träume

vo öpisem träume
öpe vo öpisem träume
öpe n'öpis schöns vo öpisem träume

öpe n'öpis schöns vo öpis schönem träume

öpe n'öpis schöns vo öpis schönem träume isch öpis schöns

Heinz Wegmann

OHNI WORT

dini Auge sind,
sie sind wie,
ich weiss nöd wie,

und dini Haar
schmöked eso,
wie selli säge,

und dini Huut
tunkt mi,
ebe ja;

mit dir
isch alls irgendwie,
ich weiss sälber nöd;

weisch,
ich möcht,
mit dir,
vilicht tönts blöd,
aber,

ich ha di eifach,
hä ja,
du weisch ja scho was.

Daniel Goetsch
WIPKINGEN UNPLUGGED

Nei erlich. Ich weiss nöd, wörum ich do bin.
Ich ha nüd gmacht. Weiss vo nüd. Kän blassä schimmer.
Weiss nöd, was passiert isch.
Ha nüd ghört, nüd gseh. Gaht mi nüd a.
Wohär söll ich dänn wüssä. Chönt jo jedä cho.
Mä cha nöd immer wüssä.
Mä cha niä wüssä. Mä muess ufpassä.

Wär seit, dass ichs gsi bin.
Wörum ich. Wörum nöd en andärä.
S chönnt jo au en andärä gsi si. Meischtens sinds di andärä.
Ich meinä diä, wo mä niä weiss.

Aso ich weiss vo nüd. Ha gar nüd gmacht.
Was het ich dänn söllä machä.
Was seit denn diä, was ich gmacht heg.
Wiä chunt diä druf, dass ich söll öppis gmacht ha.

Diä vezällt doch irgend öppis.
Diä vezällt immer irgend öppis. En seich, en chabis. Mumpiz.
Alli vezället immer irgend öppis.
Alli meinet, sie heget öppis z vezällä.
S isch zum dävolaufä.

A däm obig hämirs luschtig gha.
Jo, am anfang ischs luschtig gsi.
S isch immer luschtig, wän mä sich zuefällig trifft.
Wän mä nöd weiss, wo annä das gaht. Wän mä sich tribä laht.

A däm obig simmir beidi müed gsi.
Mä isch jo immer müed, wän mä gschaffed hät.

Wän mä hei chunt, kaputt und färtig.
Und nöd weiss, wo eim dä chopf staht.

Isch jo nöd s erschtä mol gsi.
Ich gse sii allpot uf em gang, fascht jedä tag.
Mir känned eus. Alli im hus känned sich.
Mir schaffed i dä glichä budä. Mir sind wiä ei familiä.
Mir händ kei gheimnis voränand.

A däm obig isch sii us dä duschi cho.
Wi gods, hani gfrögt. Eifach so.
Dänn isch sii zu mir is zimmer cho.
Mä händ zäme fernseh gluegt.
S laufd jo immer öppis im fernseh.
Immer einä, wo schwafled oder umäballered.
Immer dä glichi seich.

Irgendwänn isch sii zu mir ufs bett ghokt.
Ha mir nüd dänkt. Ich meinä. Was hetti söllä dänkä.
Mä cha nöd immer öppis dänkä. Susch wörd mä dürrädreiä.
Voralläm wän mä müed isch vom schaffä, kaputt und färtig.

Wotsch schmusä, hani gfrögt.
Aber ich bi nöd einä vo däne, wo immer nur eis wot.
Meischtens wot ich gar nid. Meischtens ischs mir zviel.
Aso, eigentlich bin ich ener än schüchä.

Sü hät nüd gseit. Nur ihren chopf uf mini achsle gleit.
Isch okay. Chani versta. Wän mä müed isch.
Am obig simmir jo immer alli müed.
Do dänkt mä nüd me. Do lot mä sich gah.
Und irgendwän schloft mär i.

Drü tag spöter chlopfts a dä türä.
Ich mach uf. Stönd zwei bullä da.
Diä säged, ich heg irgend än seich gmacht.
Diä hät dänä bullä än seich vezällt.
Dia isch doch dürrä, völlig dürrä, richtig dürräknallt.
Abärr, so isch sii scho immer gsi.

Und wär seit, dass ichs gsi bin.
Wörum ich. Wörum nöd en andärä.
Meischtens sinds diä andärä.

Josef Rennhard
SCHLOFGMEIND

Au
inere tote
Schlofgmeind
git s
wenn s mitenand
schlofet
öppedie
öppe n öppis
Läbigs

Ursula Hohler
MUETTER

Grad no
hesch gseit
du chönisch jetz nümm aalüüte
will der Telefonbeantworter immer sägi
i sig am Wösch zämelegge

jetz chan i dir
au nümm aalüüte
und i dim Zimmer
wohnt öpper anders

Ursula Hohler
FISCH

Hütt hani
d'Fisch usgwicklet vom Märet
und bi plötzlich verschrocke
ab de Todesazeige
ufem Ziitigspapier

Barbara Egli
A DE HALTISTELL VOM TRAM

A de Haltistell vom Tram
schlüüffed zwäi inenandie.

Wo simmiir amigs gstande?
Hinen im Gaarte im Tunkle.

Die wo ufs Tram waarted, d Lüüt,
lueged aagsträngt graaduus.
Daas räizt de Jung i de Jeans
und er säit:
Esone Liebi, wie öisi
häts no nie ggèè.

Klaar, gibi zrugg,
s isch dyni Liebi,
nu dyni und die vom Mäitli,
won öi grad phackt hät
doo bi de Tramhaltistell zue.
Wien er bläich lueget
über di schwaarze Hoor ie
vom Schatz. Syni scherbelig Stimm säit:
Alti, wiet rächt häsch –
esoo rächt, daas hetti nie tänkt.

Und zum Mäitli: chum,
mer gönd zu diir häi
und mached es Chind.

Barbara Egli
WITFRAU

Iich mues prässiere
uf d Baan –
lömi füre an Schalter,
achtisibezää goot
myn Zuug
und z Walisele

wird iich erwaartet.
Wie de Blitz uf s Perong,
ine in Raucher ie.
Uufgschnuufet
und fridli de Undergang
vo de Sunn aaglueget.

Örlike – Walisele:
s Täschli fescht phackt
und use grännt.
Deglyche too,
me winki
und öppert rüefi äim

Abegsprunge,
i d Underfüehrig abe.
Und dänn:
im gruusige änge
Gang gwaartet,
eläiget,
bis de Zuug chunnt
uf em Gläis änedraa.

Moorn gooni
– vilicht –
uf Uschter.

Barbara Egli

FÜR E PUUREFRAU

E dëëwääg umezlauffe
mit eme Lätsch
wägeme verchaarete Hund
wäge de Brouscht vom Huus
wo de Strool troffe hät,
wägeme eelände Chind,
wägem Tood vom Maa,
wägere Chue,
wo verworffe hät –
esoo de Schnaarz zmache
wägen echli Uugfell –

Raphael Bertschinger

ä chlini reis in himmel uf dinä flügel
d sunnä bricht dur d wulchä
wänn du lachsch

Raphael Bertschinger

Ich bi hüt da
und träum vo morn
Ich bi morn deht
woni ha wellä si
Und träum vo geschter
ich hoff
dä Traum gaht nie verbii ...

Susanne Stühlinger

OH UELI

so sexy wie du isch keine

alter spielt für mich kei rolle
ich chönnt mer eine hole
wo schöner isch und knackfrisch
än backfisch
doch da machi nid,
wills äbe nid
min gschmack isch

ueli

ich verschling dini singstimm
chönnt mi i dine auge ersäufe
und im «leute-heute»
häts scho wieder keis
megaposchter
vo dir gha

ueli

um dini gunscht buehl i
wie wohl vor mir scho mängi
doch wänn di han in voller längi
dänn bind di uf däm zimmer a
und bschlüss dich i dä stuehl i

ueli

bi hilflos ab dim krasse charme
wie bi mim klasseschwarm
dozmal, woni no id schuel bi

ueli

ich bi dini magd
dini lilo pulver
bi dis chueli

ueli

will dini
grosi mami honey
nichte tochter tante si
und i miner fantasie
ladsch mi uf äs
fanta i

s tönt dilettantisch
und polemisch
doch s problem isch
dass da ä keis poem isch
uf däre wält
wo schö gnueg wär
für di

ueli

Fritz Gafner

MEERZETÜPFE

I den Auge vo däne
wo mit mir jung gsi sind
sind näbet minen Aaltersfläcke
all no d Meerzetüpfe

aber i den Auge vo däne
wo mich nonid lang käned
sind au mini Meerzetüpfe
nünt we Aaltersfläcke

Stefan Keller

S FESCHT

nochdem er
d brissago fertig graucht het,
nochdem er
de saft ustrungge het,
nochdem er
nomol e brissago graucht het,
nochdem er
en letschte saft trungge het,
isch er mit de frau
rasch go tanze,
het sech gärgeret,
gopferteggel, die
wird au all lahmer,
denn het em
d serviertochter uf d pfote ghaue,
denn het em
d nochberi uf d pfote ghaue,
denn het em
d frau nöd uf d pfote ghaue,
denn isch er
psoffe gsii,
denn isch er
verruckt gsii,
denn isch er
i s nescht,
   sone fescht eimol
   im johr,
   eimol i heller
   verzwiiflig,
   wenn d söttsch
   us der use goh.

Stefan Keller
ERNTEDANK

de saft isch
hüür scho
i de öpfel gäret,
d milch i de chüeh
zu gülle worde,
d nüss hend am
bomm obe gchiimet,
i de epeerifelder
isch gomfi gchlebet,
ond s gräs isch
schtändlig tüeret.
e huere schlechts johr,
e huere gjommer,
we wenns nöggschtijohr
besser wär.

Saft → Apfelwein

Felix Epper

Anagramme: die Buchstaben des Titels werden neu zusammengesetzt.

[1] LICHESUFE

Luschi Fee,
Suf e chlei.
E chli sufe
Ueli, Schef.
Flueche: 's i
Schüfeli
Fuche: Lise,
Luschi Fee.
EU-Fleisch!
Chifle: Use
Lise! Fuche:
Ueli, Schef
Suf e chlei!

[2] WÖNIGLI

Woni geil
Wie n Goli
Wo gli nie
Oni Wegli
In Wile go
Gin, Wi, Öl
Ge wil oni
Wönigli.

[3] MÖRGELI

Gröle im
Geile Mor

Lörge im
Geile Mor
Mel-Orgie.
I Ölgrem.
Igel-More.
E Orgle im
Geile Mor.
Mörgeli,
Me go lire.

Manuel Stahlberger / Moritz Wittensöldner
FRAU GANTEBEI

Bim Beck träff i d Frau Gantebei
D Frau Gantebei seit: hei, dass i Sie träff
do sägi: jo, und lang nöd gseh
do seit sie: und so früeh scho Schnee
und es seg chalt, da säg denn i
und gälezi, s Johr göng schnell verbii
seit sie: de Maa
jo wüssezi, s Bluet, doch sowiit guet
sägi: und ihrem
seit sie: 's mues
sägi: en Gruess
do seit sie: jo, will's säge
und öbi scho ghört heg, seit sie dei
do sägi: nei
do seit sie: doch, di neue Abfuhrplän, und da i üsere Geget
do sägi: jo, was Sie nöd säged!

Denn moni no uf de Mart, well i bruuch no en Salot
und träff d Frau Senn und säg we's goht
und lang nöd gseh und dass es schneit

und wa d Frau Gantebei hegi gseit
und au d Frau Hug, seg sicher besser, dass sie hegi törfe go
noch langem Liide, sägi: jo
seit sie: da globi
und als Hobby
spiel sie Sonett
imene Block-Blos-und-Striichholzquartett
hät jo au ghört di neue Abfuhrplän
sägi: di alte
seit sie: bhalte för zum Füür ...
i säg i früür
und dass sie heizi
seit sie
alls veriiset
sägi: aber kiiset gottseidank
und ihren Maa
do seit si: tot
do sägi nüt
do seit d Frau Senn: d Jugend vo hüt
und ihri Enkel
sägi heg's im Oberschenkel
sowiit gsund
de Hund im Chifer
seit sie: Goldenretriever
und Salmonäle i de Hüener
und denn sägi: 's seg ebe nüme ales eso we früener

Manuel Stahlberger / Moritz Wittensöldner
MISS SCHWEIZ

Di neu Miss Schweiz, wo hät gwune,
liit gärn i de Sune, aha

Sie seit, sie sig kompromisslos
und hät e Cabrio gsponseret vo Swisslos
Aha aha aha, da isch intressant
Und noch emene Johr isch's wieder Ziit,
dass es e neui Schönschti git

Und denn gsehsch im Voruus ufem Titelbild jedes Gsicht
und dine hät's dezue en Pricht,
wo sie natürlich und froh posiered,
sich i ihres Umfeld integriered,
wo so e bitz thematisch passt,
zum Biischpiel eini hät's, wo jasst,
und i de Liebi Päch hät
und trotzdem lächlet
Und e zweiti seit: i cha Rüebli schele
Und uf finnisch bis drizäh zehle,
und mole mit Farbe
Und di dritt isch nätt und hät e tätowierti Narbe

Total verschiede sind's ali
Chasch drüber rede, weli der gfali, aha
Zum Biischpiel mini Favoritin
hät e Poster vomene Blauwal, dass er symbolisieri
Sie setzt sich im Fall au für bedrohti Tier ii
und hät scho Underschrifte gsammlet gege Bösi
We cha me nume eso schö sii

Und under jedem Bildli klärt
en Abschnitt uf über inneri Wert,
wie Pruef und Gwicht und Tierkreiszeiche
und was's im Läbe ales wönd erreiche,
uf wele Typ vo Maa dass stönd,
und wa für Macke ases hend

Da macht's so menschlich und sympathisch
Und eini redt im Schlof kroatisch
und hät en komplizierte Name uf Ypsilon endend
und macht e Lehr als Flight Attendant
Und denn die do mit em Liibli,
merksch genau, isch e Sensibli,
will uf em Foti luegt sie d Wand aa
Sie isch zumene Viertel us Ruanda,
im Fall, und hät en neue Fründ
und als Hobby tot sie Handläse und meint
trotzdem, dass sie gwünnt
Aber sie gwünnt nünt

Und die rechts obe isch e Luunischi
und hät en bleiche Teint
und macht bim Rede immer eso «äh»,
hät uf em Foti roti Schue, aha
und liest e Lexikon dezue
Aha e Gschiidi vidi vici
Die cha sogar Latinisch
und ihren Spleen isch:
Sie chochet Wirsing
fürs läbe gern und hät e Piercing
am Buchnabel und i de Augebraue
Da wür i mi denn aso nie getraue

Jo, es lohnt sich, sich demit z befasse
Me gseht's lasziv näbet emememe Bassin
oder im Garte oder dehei
Aber nei, wie schnell hät me sich verschätzt,
well die, wo denn gwünnt, hät sich im Fall i verschiedenschte
Diszipline düregsetzt,
zum Biischpiel Ballkleid, oder Bikini, aber au Rede

Niklaus Meienberg
HEND

wa mer nöd hend
hät niemert
wa mer nöd gend
get niemert
wä mer nöd chönd
cha niemert
niemert cha
wa mer chönd
niemert get
wa mer gend
niemert tuet
wa mer tönd
wa mer wend
wemmer nöd
niemert wet
wa mer wend
niemert schtot
wo mer schtönd
wo mer schtönd
schtömmer nöd
niemert gsiät
wa mer gsend
wa mer gsend
gsiämer nöd
niemert wöt
wa mer hend
wa mer hend
wömmer nöd
wa mer hend
hemmer emmer

wa mer send
semmer lenger
wamer chörblet
chörblet mer
wa mer förbet
förbet mer
wa mer worschtet
worschtet mer
wamer poschtet
poschtet mer
wamer moschtet
moschtet mer
pitti nei
taari säge
niemert hät
hend we mer

förbe → zusammenwischen

.

Erwin Messmer
GSCHLAIK UND GSCHTELAASCH

Immer hätter
ä huäre Gschlaik ghaa
i simm Läbä
aini um die ander
hättär abgschläppt
und jeder zwaite
än Goof aagheenkt
Aber sitt öppä zwai Johr
isch nünt me loos
Si hend glob gmärkt
daser langsam abgitt

Und etz won är
eentläch solo isch
chauft dää Tubel
no e Toppelbett
s'eerscht i sim Läbä
än uuhuärä Gschtelaasch
i siner chlinä Wonig
i dem Saupuff
und i sim Aaltär
Aber s'hätt
ums Vereckä
mösä sii
För all Fäll
saitär

Erwin Messmer
METAFÄRÄ

I gippter p'Fuuscht i t'Schnorä
dasstär t'Zääh im Aarschloch unnä
Klaviär schpiläd

Da häppmär dä Hans Heller
üsen Dorftrottäl gsait
woni achti gsii bi

Hailantzack hanii mösä lachä
Vilicht hani drumm gläärnt
Klaviär schpilä

Und mengmoll weni so
uf 'Taschtä tonnärä und
äm Klaviär fascht t'Zääh usähau

moni plötzlich lachä
und an Hans Heller teenkä
und as Klimpärä zwüschettä Bai

Erwin Messmer
Ä RICHTIGS CHALB

S Chalb wäär bigoscht
nöd uf dä Gedankä choo
das äs im näggschtä Moment
tood zemäsaggät
troffä vo dä Chuglä
vom Metzgär wos doch
gad no so flattiärt hät

Dä Metzger sälb wär
au nöd uf dä Gedankä choo
das äär im näggschtä Moment
zemäsaggät wenn är aptruckt

Dä Schuss isch hinänusä

Und s Chalb hät sich
überhoppt nöd gwundärät
das äs no ggläppt hätt
wo dä Metzger
am Bodä gglägä isch

Richi Küttel

AFACH

Afach
Afach ämôl schlôôfä
Afach ämôl schlôôfä
Afach ämôl pfuusä, kröösä, mützä
Afach ämôl ä chli liggä
Ä chli liggä und d'Augä zuä tue, zuä lôô
Afach ä chli d'Augä zuä lôô
Los zue: machs zue, lôs zue

Und dänn afach ä chli entspannä
Afach e chli entspannä
Und schnuufä und tüüf schnuufä
Und dänn ganz flach und süüferli
Und ii und uus
Und dänn afach ä chli entspannt sii
Afach ä chli entspannt sii
So richtig entspannt sii
So richtig entspannt dôô liggä
So richtig dôô liggä
So iisinkä
So widerstandslos
So gegä d'Erdrotation
Gegä d'Schwerkraft
Halt afach
Halt afach emol dôô liggä
Afach ämôl entspannt sii
Afach ämôl sich liecht fühle
Afach ämôl entspannt liecht sii
Afach ämôl liecht entspannt sii
Afach ämôl total entspannt sii

Afach ämôl mit zuänä Augä
Afach ämôl flach schnuufä
Und afach ämôl sich gôô lôô
Afach ämôl sich gôô lôô
Afach ämôl sich selber sii
Ämôl sich selber gôô lôô
Und afach ämôl e chli schnarchlä,
Afach ämôl grunzä und schmatzä
Afach ämôl sich wälzä
Ä chli wälzä und fegnäschtä
Und afach ämôl nünt merkä
Nünt merkä, wi mä dôô liit
Wi mä murmlet und mit dä Zää knirscht
Und geifärät
Afach ämôl ä chli geifärä
Afach ämôl geifärä und sich uusbreitä

Und's dänn afach ämôl uf morn verschiebä
Afach ämôl uf morn verschiebä
Afach nöd etz
Afach ämôl nöd etz
Nöd gad etz
Afach ämôl a chli abschaltä
Afach ämôl ä chli abschaltä
Ä chli uf stand by sii
Ä chli uf Minimalversorgig

Und halt afach ämôl ä chli schlôôfä
Afach ämôl ä chli schlôôfä
Afach ämôl nu schlôôfä
Nüt anders
Nu schlôôfä
Wie'n'en Stei

Wi tot
Tüüf und gsund

Bis
Bis
Jô bis mä vewachät
Afach vewachät
Afach d'Auge uuf tuät
Afach wieder dôô isch
Und als erschts dänkt:

Afach ämôl schlôôfä

Peter Morger
Ä LANZE FÖR T'OSCHTSCHWIZZ

För Pärner
wo üüs wönd
regière
hört t'Schwitz
schpöteschtens
bi Wintertuur uuf

Z'Sangalle hemmer
da Gfüül au

Im Aargau
bischpilswiis
simmer fremder
wiè imm
Vorarlberg

Und dass
t'Zörcher
Zöri vämöget
isch üüs
ä Rätzel

Peter Morger
KULTUUR, WA ISCH DAA?

I waiss nöd
wa't Lütt hend
I find
t'Schtüürärklärig

usfülle hondertmool
schwäärer
als ä Gedicht t'schriibe
wie zomm Bischpiil dado

Das i immer gnueg Münz haa
zomm ä Bilet löse
för's letscht Bäändli
för da hetti än Orde
vädient

Hett lièber än Kulturpriis
dass mer glingt
jede Frittig vormittag
pünktlech dä Abfallsack
usezschtele

Peter Morger
S'ÄÄ OND ÖÖ

Lätzgfädäräti Trömm tröölet ond lället
Appäzöll'ä Truu'ä
Alpschteh so schwä'a
Ond Greendwee häscht
am früene Mo'ägä scho
Innä'roode isch'me frönt wiè dä Kongo
S'äänzig wan'i wääs ischt dass' vo dä
Inde'ä abschtammet
ond t'Ossä'rooder sönd halbi Geamanä
Aa Ii hätt di höchscht
Sölbschtmo'ädraate im Land
ond t'Silbämedaliä choot Aa Ärr öbe'ä

Chönscht Schrää loo
Oose mu'äs häscht's lääd
Da nützig choge Omme'grööble
Libärament's Sataa'
Däbii hönd 'Tibidäbi
ä choge schöni Hoptschtatt
Dä rääs Chääs machd fääs
Gsondi rooti Baggä hönd's
Ond dä Seä'tis ischd
dä Himmelaia vo'dä Schwizz
Näbes ischt hald immä
Selewiè choot's bessä
S'ischt all daa Ond nomme nüz

Truu'ä → Trauer

Linard Bardill

D'SCHWYZ AM MORGE

D'Sunne schiint dur ds Fenster
Dini Hoor lüchtend wie Gold
Ds Morge isch parat
In de Nochrichte vom Achti
Goht's um Gott und d'Welt
Und ds Bürgerrecht vo Emme

D'Gipfeli sind guet
Der neu Radiosprecher au
En Amsle sur la mur.
Und bim Kafi frog i mi
Ob d'Sunne öppis typisch
Schyzerischs könnt sii

D'Schwyz am Morge – d'Schwyz

Du seisch du heigisch träumt
Vo Marokko oder soo
Uf jede Fall wiit wäg
Und du träumsch no e kli wiiter
Vo der grosse Wüeschti
Und de dunkle Auge vom Mechmet

Der Honig isch vom Nochber
Ds'Jogurt isch vom Coop
Nu d'Milch isch UHT
Und wenn d'Poscht kunnt
Fangt der Tag aa – I gon uffe
In mis Büro und vergässe

D'Schwyz vom Morge – d'Schwyz

D'Sunne schiint dur ds Fenster
Dini Hoor lüchtend wie Kupfer
Ds Nacht stoht uf em Tisch
In der Tageschau halbachti
Goht's um ds Volk und das heg
D'Schnauze langsam voll

Mit de Uusländer kunnt d'Welt
Bis ins hinter letschte Kaff
Und d'Welt isch fremd und wiit
D'Sunne goht schu unter
Du seisch kumm mier gönd ins Bett
Und denn erfindemer
D'Schwyz vo more – d'Schwyz

Linard Bardill

IMMER NO DÄ GLANZ

Scho so viel Johr und
immer no dä Glanz
in dine Aug uf diner Stirne so viel Wiiti

Scho so viel Johr
und immer no dä Glanz
in üsrem Glas uf üsrem Tisch es Brot

Scho so viel Johr
und immer no dä Glanz
dunne uf em Brunne wenn d'Sunne untergoht

d'Blueme uf der Wiis
ds Gold über de Felder
ds Brenne vo de Böim
der Schnee über de Berg

Verspreche nüd
i han scho z'viel versproche
aber für de Rescht vo mine Tage
trau i ganz dem Glanz

Linard Bardill

Im Traum han i a Maa erschlaga.
Er sig en Teil vo mier
seit mini Frau
die muas as wüsse.
Jetz hock i do mit am na tote Maa
wo ni selber bin
und sueche ds Gras
wo n är könnt dri bisse ha.

Oscar Eckhardt
AN ART A LÄÄBENSLAUF

Geburts-Schii
Tauf-Schii
   Versicharigs-Uuswiis
   Identitääz-Kharta
Impf-Schii
   Schual-Zügnis
   Mitgliider-Uuswiis

Iizaligs-Schii
    Noothälfer-Uuswiis
    Leerabschluss-Diplom
Haimat-Schii
    Dianscht-Büachli
    Schüüss-Büachli
Garantii-Schii
    Pass
    Telefoon-Khonzessioon
Schrifta-n-Empfangs-Schii
    Kredit-Kharta
    Arbets-Zügnis
Langlauf-Schii
    AHV-Uuswiis
    Woonsitz-Beschtätigung
Toota-Schii

Walter Lietha
SCHATTA UND LIACHT

Was i khöra will
isch nit der Wind
im Baumwerk über miar

Zikada
im flimmara vu der Hitz

nit z'Schlo
vom Boot uf da Wälla

und au nit
d'Wälla treit vom Wind

was i khöra
isch der Schnuf
vu da Steina

z'Stärba vo der Freud
über a Wunder

oder dä Knall
zwüscha Schatta und Liacht

Hans Peter Gansner
DR ISZIT-BLUES

Blaua Rauch schtoht gross im kranka Himmel
Us tuusig Nasa schnufat d'Schtadt
Am Fuass vum Montalin
D'Kelti schwigt sich us an schwarza Schiba
Wo du gsi bisch do schtirbt a Liacht
Und Kelti wachst

Nebelschrei erschtarran fetzend
Vor da wunda offna Mülar
Und wo d'Sunna gsi isch Richtig Domat-Ems
Schtirbt a Liacht
Und Kelti wachst

Ds Öl schloht wieder uf und d'Wärmi wird no türar
Und triumphiarand schtreckt a schrecklichs Hochhus
Sini brutal Fuscht in d'Luft wo Dohla schreien
In taubi roti Ohra
Und Kelti wachst

Uf am Arbetsamt z'Kur schlöhn graui Männer
Ohni Alter dr Mantelkraga n'uffa
Und tüand anand bedränga vor am Schalter
Im Kampf um Wärmi
Und Kelti wachst

I kann si nümma wärma dini Füass in mina Hend
Drum mach i d'Hand zur Fuscht und vor am Früalig
Flügt die Gletscherwand in tuusig Schtuck
Villicht taut gfrorni Liabi uf
Im Kampf um Wärmi

Elisabeth Mani-Heldstab
ENGSCHT

wenn ii
alli miini Engscht
chönnti iispeera
weer ii
dr ganz Tag am Züüna

   züüna → Zäune aufstellen

Elisabeth Mani-Heldstab
BRUGGA BUA

an
Brugg bua
va miar zun diar
mit dena Steina
wa
derzwüsched liggend

Erika Hössli

Ich hän miini Meinig
duu hescht diini Meinig
schii hed irä
äär het schiini
Das ischt scho frii kompliziert
Aber wenn ich diini hätti
und duu schiini
äär irä
und schii miini
de hättä wer alli
kei eiggni Meinig
und de mein i de nu
äs wär au nid eifacher

Anna Maria Bacher
FRINTSCHAFT

Mêt Gattug têppäläscht
in mim Härtz
un êch töndär üf, tzwiflunds,
aber dini frêschu Werter
bringän niwä Kschmakch
mir Seel
wa ärwachät
un geinut nêmmä.

Êtz chani öw
us mim Härtz gaa
un in dimu ênni farä
wê di dêrsêchtig Luft
ſam Muigä!

Freundschaft

Mit Anmut klopfst du
an mein Herz,
und ich öffne dir – zweifelnd,
aber deine frischen Wörter
bringen neuen Geschmack
in meine Seele,
die erwacht
und aufgehört hat zu gähnen.

Jetzt kann auch ich
mein Herz verlassen
und in deines eintreten
wie die durchsichtige Luft
des Morgens.

Anna Maria Bacher

Dini Werter
khienmer a
wê Aksch uf Holtz
un schpaltänmi in tzwei;
wen nottä newer
mini Schtêkch tzämälêsti
un schi in z Fiir tribti ...
in än entzägä Schtrifä Röich
ärläbtäni in der Luft!

Deine Wörter
dringen ein
wie die Axt ins Holz,
sie spalten mich in zwei;
würde doch jemand
meine Scheiter aufheben
und sie ins Feuer werfen ...
In einer einzigen Rauchschwade
würde ich aufleben in der Luft!

Anna Maria Bacher
I GAA DER ENKI WÄGJÊ

I gaa der enki Wägjê,
Lertschäna und Ambeisukschmakch
chomänmär ingägä.
I bê fleigänds
wê im ä Tröim:
mi Fêês rêrän inkhei Schtrewi mee a
un minä Ferdruss tzärtrêkchtmi
                        nêmmä.
Fortzu mee üf ...
i laa hênner t Aksla Lärcha un
                        Tannä;
t Luft êscht reini
schi het fa Isch;
tzobruscht ufum bluttä Bärg
kschpêrämi lêêchts,
i ferlêrä der Lib,
i bê äbä mee Seel.

Ich gehe durch enge Wege

Ich gehe durch enge Wege.
Harzduft und der Geruch von
                        Ameisen
kommen mir entgegen.
Ich fliege beinahe,
wie in einem Traum:
meine Füsse berühren die
                        Spreu nicht
und mein Kummer drückt mich
                        nicht mehr.
Immer höher hinauf ...
ich lasse Lärchen und Tannen hinter
                        meinen Schultern zurück;
die Luft ist rein,
sie ist wie Eis;
oben auf dem kahlen Berg
fühle ich mich leicht,
ich verliere langsam den Körper,
bin nur noch Seele.

Anna Maria Bacher
PUNEIGÄ

I hä klögt dem Herbscht z ärgrifä
di letschtu Beri
fam wêltä Rosi
fer än betz Roti z bringä
mim Wênter
oni Faruf.

Da, uf di dêru Sittä fam See,
sên mêr ingägä cho
tzwei blawi Öigä
und êch bê im Hei
oni Beri, aber ...
lêplich ferlüfruts.

Puneiga

Ich versuchte dem Herbst
die letzten Beeren
vom wilden Rosenstrauch zu
        stehlen
um ein bisschen Röte zu bringen
in meinen Winter
ohne Farbe.

Da, auf der anderen Seite des Sees,
kamen mir entgegen
zwei blaue Augen
und ich kehrte heim
ohne Beeren, aber ...
auf lieblich verzaubert.

Anna Maria Bacher

Färgêsti nit,
Langsê,
tzwêschet t Bärga üsser z lotzu,
färlêcht morä im grawä Tag
chun der Schniär
uf z Gööt chu schpringälä:
unner t Tschakiê
waksän de wêlti Blêmä.

Ussuk laami fam Kschmakch
un fa dä Fäkchtu la psêê
un laa das der Geischt singä.

Vergiss nicht,
Frühling,
zwischen den Bergen hervorzu-
        gucken,
vielleicht morgen in der Däm-
        merung
kommt der Buchfink
und hüpft auf der Wiese.
Unter seinen Füsschen
werden wilde Blumen wachsen.

Inzwischen lasse ich mich vom Duft
und von den Flügeln berühren
und bringe die Seele zum Singen.

Anna Maria Bacher

IM WÊNTER

Im Wênter
welltini gärä
ä Schneeflokchä sii,
deru n einä
wa pimösu
fam Hêmmel
khit.

Tantzu têtini ä Wiil
fer dêch,
denaa
in äs moks Muntschi
chämini uf dis Antli
chu schtärbä.

Im Winter

Im Winter
möchte ich gerne
eine Schneeflocke sein,
eine von denen
die langsam
vom Himmel
fällt

Tanzen würde ich einen Augen-
blick
für dich,
und dann
in einem feuchten Kuss
auf deiner Wange
sterben.

Anna Maria Bacher

LENGSAMS TZIT

I weiss nit warum
t Öigä
fam elterä Mentsch
gengän mêr äso dêr ...
Schi lögän
schtêll
Schtundä un Schtundä,
schi kseen wit for

Langsame Zeit

Ich weiss nicht warum
die Augen
der alten Menschen
mich so durchschauen ...
Sie blicken
still
Stunde um Stunde,
sie sehen weit voraus

ol gar hêndri
un kärlidän nit
was sch for dra hen.

Darum glêtzäntsch.

oft auch zurück.
Und ertragen nicht
was sie vor sich haben.

Darum glänzen sie.

Anna Maria Bacher
DEM TOOT

Usum mêdä Lib schlifä
un nä da laa im ä Hüfjê

... Nä de chu gee
wen är imschtan êscht der t Mürä
un der t Bärga dêrzgään,
wen är imschtan êscht
schi lêchtä z leftä
un mêttum Wênn z tantzu,
wen är in der Luft
uf t Sitta schi darlekkä cha
fer di gantz Wält z pschöwu
mêt niwi Öigä ...

Lib un Seel sên eis
de bêni fris
de bêni läbänds.

Dem Tod

Aus dem müden Leib schlüpfen
und ihn als Häufchen liegen
                           lassen

... Zurückkehren um ihn zu holen
wenn er imstande ist Mauern
und Berge zu durchdringen,
wenn er imstande ist
sich leicht von der Erde zu lösen
und mit dem Wind zu tanzen,
wenn er in der Luft
sich auf die Seite legen kann
um die ganze Welt zu betrachten
mit neuen Augen ...

Leib und Seele sind eins
dann bin ich frei
dann bin ich lebendig.

Urs Schönbächler
DR LIÄBGOT MITM BAARD

iäänu
so siggs äsoo
äsoo wiäs sig
äsoo wiäs säged

dr liäbgot sägi
äsoo wiäs sig
so säged dlüüt

so siggs äsoo
äsoo wiäs sig
äsoo wiäs säged
iäänu

Urs Schönbächler

gälbi öpfl sind gälb
gälbi pfluumä sind gälb
gälbi pfirsich sind gälb

minä chopf isch gälb

blaui zwädschgä sind blau
blaui fiigä sind blau
blaui chriäsi sind blau

mini chöpf bliibed gälb

Urs Schönbächler

au ä dräggetä mantl git waarm

Anton Bruhin

hüt am morge
weissi nüt
nüt am weissi
morge hüt

müt am horge
heissi nüt
wüt am meissi
worge hüt

nüt am worge
neissi hüt
müt am heissi
horge nüt

Anton Bruhin

muess ghöri au richte
so nuele mänge nu
is froschloch!
= so ghöri mänge richte =
= es fröscheloch! zwölf hütte dri =
= s'isch nüd zum prichte =

mit redli blätz ruig
um gsottne fähne gige duss
sind chappe rächt nüd ribe
sich eischter! am block
= mit gsottne blätze gige =
= sich eischter! e chappe a =
= s'isch zum verschwige =

für anderi nare der schatz
mäng mänge würd
ischt vogel wie nacht
schwarze fründ! e schtund
= zip! zip! bischt niene ume? =
= wart nur ächli, ich chume =

Käthi Kaufmann-Eggler
SCHUEH

Neu sinds
wey tüends
trucke müends
gfale tüends mer.

Ich laufe wiiter.

Gwöndlich sinds
gäre han-i-s
gfale tüends mer.

Ich laufe wiiter.

Alt sinds
Rümpf händs
vertschiegget sinds
und verschlämmeret
gäre han-i-s

Ich laufe wiiter.

Zletscht barfuess.

Käthi Kaufmann-Eggler
SO ISCH ES

Me
cha
nüd
us öppis use
ohni i öppis
neus
ine
z cho.

Eigetli
bisch nie
dusse.

Kuno Raeber

LIESLOPF

Was tosch em Eschtrich
omeschneugge e dene
gwagglige Chäschte wo d Töre
wemmer si ufmacht tönd giepsche?
Fendsch nümeh ond went deh
am Ändi emene Chaschte
doch no öppis wördsch fende de wärs
dis Titti weisch no
de Lieslopf oni
Hoor ond met läre
Auge ond went au
d Töre grad weder tätisch
zuemache s wörd der vo deh a wo d schtohsch
tödele ond wo d gohsch
tödele wörds der vo deh a.

Kuno Raeber

MOSCH NED TÄNKE

Mosch ned tänke dass der
öpper täg zleid
wärche wenn jetz of einisch
d Wolke de Nomittag schwarz
machid das esch
nome wels us-
schnuft und i-
schnuft ond ned
glichlig cha blibe ond d Chöpf
vo de Nägle send scho
glänzig vom Räge.

Kuno Raeber

TÄNKT MER

Zmetzt enne
tänkt mer
wemmer emmer
witer ond witer
chond am Ändi de See
zmetzt enne em Wald
ond ke Wäg meh
ond nome Brögel ond nome
Escht aber jo ned
schtörchle jetzt chond
nämlech zmetzt enne schtell
ond rond we de Vollmond
ond wen jetzt nome tänkt mer ond emmer
witer ond witer
ine e Wald ond ke
Wäg meh ond nome
Brögel ond nome Escht
ond wen jetzt nome tänkt mer
jo ned schtörchle zmetzt enne
chond jetzt nämlech am Ändi
de See schtell ond
rond we de Vollmond wen jetz
nome tänkt mer
nümeh wörd andersch ond alles
emmer ond ewig tänkt mer
wörd grad eso blibe we s esch.

Rolf Zumbühl
MIÄR

diis härdig Wort
voll bbanntnig
blaiwi Aigeblikh

miis griäni Wort
mid Bilder
us dr Wiiti
häre gschleipfd

miär Beidi
fillid zämmen
iisren alt vertruitnig
Läbes Ruim

wo Geschtrigs
fiäbered
wo hittigi Gidankhe
brodlid und
dr fiischter
moorndrig
Raamen
uber laiffid

Rolf Zumbühl
HERBSCHD AABIG

miäd
hangid diä
letschte Sunneschtraalen
am uberriifen Epfelbaim

dr Taag mag nimme vill erthaa

truirig
tänzlid root gälb
ggschpriggleti Bletter
uf diä fiächdi herbi Aerden
äs will dunkhel wärde

ggschpeischterisch
schliichd diä
näbligi Fiischteri
usum Wald

bald bischt dui älei

nimm
dii wiite fiächde
Blikh i di inen
und
gang mid dr hei

Franz Troxler
DUI

Ich gheere deys Lache
und es tuedmer wohl
und deyni Schpraach
wermd we Muisig
und ich magsi
und ich losesi gääre

Und es ischmersi
as giängtich uif
wennt da bisch
uif wene Sunneblueme

Wene Bitz Bode
vo drheime bischmer
e Bitz Garte
mid Baim
Schtruich und Bank
wome cha sey
und d Rueh erbeite
und wome
wemmes nimme hed
elei wird und uruewig
und weis
as eim eppis fähld
eppis vo eim sälber
eppis wo weh tued
und wome wetti zrugghole
E Bitz Heimet
e Mändsch
em Änd
es Lächle nur

      erbeite → erwarten

Walter Käslin
HEILI WELT

So eine:
gsehd vor luiter Blieme
der Mischt nid –
hed vor luiter Fride
kä Streyt –
hed vor luiter Freid
neyd z'nergele –
vergisst vor luiter Stille-sey
s Diskutiere –
hed vor luiter Läbe
kei Zeyt zum Stärbe.
Pfeyft Liedli
und ufs Gäld –

Wenn der nid spinnd
i seyner heile Wält!

Karl Imfeld
GWISSESFRAG

Äs nimmd eim ja scho
wunder,
wiä diä läbid.
Diä gahnd nyd z Chilä und
nyd i d Migro.

Karl Imfeld
HITT?

blangä und meinä
hitt wärds hitt
und wenns hitt wird
faads afaa geschterä
und macht ä Gattig
wiä zwee Zyschtigä
a eim Bitz

Karl Imfeld
ISCH LANGSAM ZYT

wenn eim
ä fremdä Fetzel duized
wenn eim
ä Griändlig mid bluttä Fingerä
zmitzt is Gsicht inä zeigd
wenn einä
wichtig tuäd dass eim lipfd
wenn all

wo scho ä Meinig hend
sovil as Nogglä gältid
wenn eim
einä wo eim nyd agahd
i d Schtubä inägeined
wenn eim
einä vor Mitternacht
nu «Guätä Aabä» seid
isch langsam Zyt
das mä
der Färnseher
abschtelld

Karl Imfeld
ÄR

är seid alig
är sägi alig
«ich sägä alig»

wil är alig seid
är sägi alig
«ich sägä alig»

meind är alig
är heig ai scho
ä Meinig gha

Karl Imfeld
DER ZIGLER

D Lyt sygid äs Lumpäpack,
hed är gseid und
d Grani und d Chingel und
d Muäter ufs Aito gladä.
Är zigli. Und isch ab und fort.
Erscht bim Abladä hed är
gmerkd, dass im weller wär,
wenn är d Grani und
d Chingel und d Muäter
und ins sälber
nid midem gnu hätt.

Grani → Geranien

Hanspeter Müller-Drossaart
OW

O weh, idr Mitti
idr Mitti hocke
Dinne bliibe
drheime

uberall
ussenume
ussedra
dr Himmel
nume bi iis inne
s'Warte uf d'Hell
uf d'Helli

O Weh
Das tuet o weh
tuet das
das tuet etz ai nu
Wie das etz wieder tuet
OW
O weni nume wisst
werum das eso tuet
eister tuets
ohni das me eppis
drfir tät
tuets eifach

O dui scheens Obwaldnerländli
wunderscheen
huerescheen
Graniland
verreckt scheens Graniland
Chumm Bueb
Gahmer is Graniland
Chemid id'Aelplermagrone
hockid zueche
hänkid dr Leffel dri
bevor d'Härdepfel vertrohlid
Chumm Bueb
und lueg dis Ländli
Schwiig und friss

äs hed obem Wald
im Wald hets gnueg Giselhiife
nadis nagra tis
alles verloche
dri abbe schoppe

scheeni Schtrahle
Was die andere nid wennd
mier nähmids de scho
oder nid
Wenn die nid wennd
d'Nidwaldner
grien hinderem Bärg
Nidsi

Obsi
mier sind obedra
idr Mitti am Härd
äs seicht ine
tropfed abbe
aber s'laift dure
verfuiled vorem sälber
unnedra
nume nid schteerä
äs bruicht alles si Ziit

So
Fort
Fort wotsch
Was wotsch etz dui da fort
Dri uise
D'Chlaiesiichi ännet em Lopper
Gsehsch es de scho
De hesch es de
Gang doch
wenns dr nid passt
Det usse seichts ai
Himmel Vatter Heimatland
zwänzg Jahr

dr Dräck vom Fidle putzt
und etz wottsch dui fort
etz wottsch mi nimme
id'Fremdi go guene
Muilaffe feilha
im Diitsche n usse
Schaispieler
Affetheater
Ich will dr de
Mier chennd de nu
anderi Saite uifzieh
hol dr Teppichchlopfer
Dier wottis zeige
s'Heimatland
bis dass dr s'Bluet
zu de Hose n uislaift
ä Schtei i Rucksack
chaisch di de sälber erschlah
muesch de nid meine
dr verloreni Sohn
wenn d'Tire bschlosse n isch

ä Liter Roote
ä Liter Wiisse
im Schlissel
Rotwiisse Schlissel
Zämestah
s'Ziig zämebhalte
bevors de chunnd
ubere Pilatus ine
Machet den Zuun nit ze wiit
Brueder Chlais i Regierigsrat
die fremde Fetzle i Häxeturm

OW
Wie das etz wieder tuet
da inne zmitzt drinne

Vilicht wärs doch gschiider
uf di ander Siite
echli go duisse
bevors de zschpat isch
und all ander Fichs
d'Heibeeri frässid
und mier nume dr Schiisser
vor Angscht
äs chennt eppis wärde
Was dr Tschifeler nid kennt
lieber am Bratchäs verschticke
oder
doch eine kenne wo eine kennt
miteme Gratisbileet
Alles wott pletzlich driuise
drbie isch es drheime
idr Mitti
am scheenschtä

Drheime am Härd undere Härd
Wenn dr Herrgott nid will
de holt di dr Tiifel
o weh
tuet das etz wider
wie das etz wider tuet
im Chriiz
ich has em Dokter gseid
drheime schtärbe chunnd billiger
vo inne n uise langsam verfuile

dr Grind ubere Balkon ab hänke
Scheeni Grani
Was schpritzt ächt die
Guete n Abe Herr Landamme
dä machts ai nimme lang
wird ebbe kremiert
da gahmer de go luege
ä Vogler vo Lungere
heig mit disere
und die ander
heigs em Brieder gseit
dä siig de grad ubere mit dr Flinte
s'heig nume so gschpritzt
die hiirated nid grad wider
und scho gar nid ä uneheliche
dr Kaplan hends ai wider
im Blairing
dr Pfarrhälfer wissi Gnaiers
wenn ers zuegit
Susch hemmers de idr Chilestiir
uberall
wie d'Chatze und d'Hind

O weh tuet das
dur all Bede dure
drheime bliibe
idr Reeschti hocke
idr Gille niele
ufem Bänkli vorem Huisli
Der erhebe seine Hand
Uife Landsgmeind
a disem
i Hosesack ineliige

und d'Eier chutzele
Wir wollen sein ein einig Volk
Keine weiss
was dr ander
diräkti Demokratie
Chunnsch ai
Tag wohl Herr Diräkter

OW
O dui Wald
scho mänge
hed sich a d'Tanne ghänkt
und ubere gschwigget
id'Unterwält
Underwalde
Die ander Wält
O Dui
Wie ha n ich a Dier
ha doch nu nie
ä so ne Freid
einisch ume See
und fort
nimmsch de Cheib immer mit
Vatter Muetter Graniland
dinne
drheime
idr Mitti
OW
tuet das
guet.

liige → hineinlügen

Hanspeter Müller-Drossaart

IM JORDAN GEBORE

Dr Rosechranz verzehrt
bim Biichte gloge
em Pfarrer hinderem Rigge
äs Zänni gmacht

s'Confiteor nid chennä
Hoschtie gschtohle
wenn dr Sigerisch
nid luegt

Sozsäge em Tiifel
abem Charre ghiit
und drbie
Im Jordan gebore.

Jordan → Name des Restaurants im Elternhaus

Hanspeter Müller-Drossaart

ÄS GSCHLEIPF

Gahsch driuse
nimmsch eister
a de Schueh
dr Bode vo dinne
mit und lahsch
ne lah ghiije
im Tram wos
keine meh gsehd.

Daniel Zahno

DUI

(nach Julian Dillier)

Dui ha n i gseid
wo Dui mit Dym Fraiweli
zum Huis uis cho bisch
und a de Aitoopnee umä gschnuppered hesch.

Dui ha n i gseid
wo Dui linggs rächts zogä
und drnah stahblibä bisch
bi der Chryzig unne.

Dui ha n i gseid
wo Dui gschwänzled gschissä
und ohni e Wank z tuä
zum Chiläturm uifä gschilet hesch.

Dui, numä Dui ha n i gseid
wo Dui vom Hyfeli
äwäggluffä bisch
as haigisch nyd drmit z tuä.

Dui, numä Dui ha n i gseid
vo mym Pfeischdergsimsli uis
und zwei, dry Wort meh:
Dui, Dui bisch e Dichter.

Julian Dillier

STAMMTISCHSCHIMPFLYRIK

Himmel
Herrgott
Schtärnä
Chäib
heds der Sepp
is Sagmääl gläid.
Gopferdori
nundädiä
hed dä Chartä
wië n ä Schtiär.
Schtärnäfyfi
Gopfriedschtutz,
wer nid schimpfd
chund äister z churz!

Julian Dillier

MÄNSCHÄ SIND MÄNGISCH

Mänschä
sind mängisch wie Gärtä:
Mier schtaand dervor,
chenid nid inä.
Me hed ghaget mit Wortä,
gmuiret mit Bruich und Ornig
und hed e Rächtsabschtand,
ass nimmä scheen isch.

Und es wär eim so wool
i dene Gärtä.

Julian Dillier

NACHD IM BAANHOF

Da chund d Wält äim vor
wiä uifä gschtueled.
Ainä hed der letschti Zug verpassd.
S faad a chuelä.
Alls isch Baanhof i der Nachd.

E Bäänler gaad der Perron ab.
D Wält hert uif bim Schtumpägläis.
Wer jetz nid gangä n isch,
chund nimmä häi.

Julian Dillier

BSUÄCH IM ALTERSHÄIM

Soosäli soo –
da wärid miär wider –
hesch dui vil Summer im Zimmer –
diä Bliämä da
stellid miär grad y –
ich ha si bim Stutz poschted –
dä wäiss ai afig nimmä
was är will häischä
fir nes paar rotwyssi Nägäli.

Was mäintsch?

Jajaa ufs Pfäischdersims –

Und de wiä gahd äs ys? –
Guät gahd as ys.

Si hend der mäini d Frisuir
anders bischeled.

Hä?

Was hesch jetz scho wider z gruchsä?
Was fählt der jetz scho wider?

Nid jammerä!
Dui hesch d Luägi
hesch äs diänigs Bett
und Lyt, wenn eppis muäsch ha.

Wa mäinsch?
Älläi sygisch!

Jä luäg, yseräin muäss schaffä
luägä ass laift
und diä Aagstelltä sind ai nimmä, was friäner.
Und d Chind hend ai iri Problem!

Bis dui scheen brav,
nimm dyni Mixtuirä
und mach, was mer der säid –

Ich chumä de i acht Tagä wider
bis de häb churzi Zyt
und säg de der Pflegeri
si sell dä Bliämä frisches Wasser gää.
Ich gah jetz nu im Biro verby
gah d Pangsion zahlä.
Diä gänd ai nyd meh vergäbä.

Bi dene Prysä wär mängä froh
är chennt abchratzä –
mäinsch nid ai? – Muätter!

Julian Dillier
TOD VOMENE PANGSIONIERTÄ

Är isch nid scheen gschtorbä,
ellei im Schtägähuis.
Nid gschtorbä wie im Färnsächä.
D Zytigsfraiw hed ne
am Määntig gfundä,
si hed em der Azeiger wellä bringä.
Si isch froo
as si i Zuokumft
nimmä esevel Schtägän muess uifä.

Julian Dillier
ANGSCHT

Ich ha Angscht
s gang alls kaput:

dur ä Froscht im Friälig,
dur ä Froscht im Summer,
dur ä Froscht im Herbscht

im Froscht vo dä Mändschä

und äs wärdi Winter
uf derä Wält.

Julian Dillier

NOVÄMBER

Näbel, Näbel –
d Wäld isch wie ne Aanig.
De Novämber
hed es wysses Hämpli aa.
Und d Baim schtaand da
wie Leidlyt vorem Truierhuis.

Romano Cuonz

HERBSCHTZAIBER IM WALD

Warms Liächt uisgläärd uber Bäim und Moos.

Surifleigä i der Mittagshitz.

Der Wald gniässt
i sym Ruisch der siäss Gui
vo wildä Beeri.

Tagebuächsytä i der Fremdsprach
vo dä Vegel.

Himmelblaw: Frischi Farb
fir äs miäds Härz.

Mä wett nu einisch mid beedä Händ
nach der Wermi gryfä.

Bernadette Lerjen-Sarbach

Ich
bi
öi
epper
Nit nummu
di Techter vam
d Schweschter vam
ds Frowwi vam
d Müetter va

Bernadette Lerjen-Sarbach

Schi
sind scho rächt
und das
wa sch machunt
isch scho rächt
aber
mier längts nit
Zum Tiifel

Bernadette Lerjen-Sarbach

D Aschtronautu
heint mr dr Himmel üfgschlitzt
Ich ha keis Tach mee
uber dum Chopf
D Müürä läänt alles dur
D Wäält hockt in miner Schtuba

Bernadette Lerjen-Sarbach

UMWÄLTSCHUTZ

Dii wellunt isch nummu Angscht machu
Dii wellunt isch nummu ds Geld üsalocku
seit är
und schi
sammlut Joggurtdecklä

Bernadette Lerjen-Sarbach

Zum Glick
blast hiitu
dr Unnerwind
dr Röich van er Lonza
uf Brig

Bernadette Lerjen-Sarbach

D Mäntschä
chomunt mr vor
wiä Vegel
wa nit glöibunt
dass schi zum Fleigu giboru sind
Probiert einä z fleigu
und äs graatut mu
de pipsunt sch:
Der schpinnt

graatut → gelingt

Bernadette Lerjen-Sarbach

Hiitu
han i
üfgrümt
Kommissionä gmacht
ds Ässu gigrächut
Gschiri gwäschu
Tomat üfgibunnu
Blüämä gipschittut
Hosä gschtopft
bi du Hüsüfgabä gholfu
äs Gschichtji verzellt
ghängertut
Radio glost
glismut
eppis gibättut
naagideicht
Nigs Apaartigs
aber
dient s dum Läbu?

gigrächut → gerichtet
ghängertut → Wäsche aufgehängt
Apaartigs → Besonderes, Aussergewöhnliches

Bernadette Lerjen-Sarbach

Schpuurä va Liebi gfunnu
im Broot
in er Suppa
im Ggompfitüür

Bernadette Lerjen-Sarbach
Ä LEIDI CHRANKHEIT

Wen i de
öi nu an epper annersch
cha deichu
als an DICH
de bin i de wider gsund

Bernadette Lerjen-Sarbach
SÄG MR S NUMAAL!

Dü hesch hibs Haar
Dr Rock geit dr güet
und ds Wäägschta an dier
sind di Tupfä im Gsicht!
Säg mr s numaal
Nummu nu eismaal

     Wäägschta → Beste

Bernadette Lerjen-Sarbach

Ämaal
isch en Froww in d Schtadt ggangu
Isch va einum Schaufenschter zum anneru ggangu
und het ze schich sälber gseit:
Das brüch i nit
und das brüch i nit
und das brüch i nit
und das

Bernadette Lerjen-Sarbach

ALTWIIBERSUMMER

Nimme
hetzu
raffu
glänzu miessu
nummu nu sii
Ds Haar im waarmu Wind la trechnu
und Epfel ässu

Bernadette Lerjen-Sarbach

Nit emal mee
dr Italienner pfiift
wen i uber d Schtraas gaa

Bernadette Lerjen-Sarbach

RIICH

In jeder Faalta
en Erinnerig
In jedum grauu Haar
en Gschicht

Bernadette Lerjen-Sarbach

Sit diinum Toot
lüegt mi d Vergänglichkeit
mit groossu Öigu a

Bernadette Lerjen-Sarbach
BIM SCHRIIBU

Wenn
ich
eleinzig bi
sid
ier
alli
da

Bernadette Lerjen-Sarbach
SUMMERGLICK

Hiitu darf mr
d Fleiga um d Oorä suru
d Ameisa di Bei embrüfgraamu
und ds Muggi
cha va minum Blüet süügu
bis gsuffus isch

embrüfgraamu → heraufkrabbeln

Bernadette Lerjen-Sarbach
ABLEESIG

Jetz han i de gnüeg
vam Gseegaa
Jetz
sellti de ämaal
wider epper cho

Bernadette Lerjen-Sarbach

Nummu eis Zeichu
va dier dass alles güet isch
dass diinä Toot
än Sinn het
dass iischers Witerläbu
än Sinn het

Bernadette Lerjen-Sarbach

Bis
dass dr Toot euch scheidet
Und de?

Bernadette Lerjen-Sarbach
LENGIZIT

Irgend ämaal
äswenn
sig äs de fertig mit Flännu
han i gmeint

Bernadette Lerjen-Sarbach

Dü bisch
än Teil
va iisch
nur annersch
als vorher

Bernadette Lerjen-Sarbach

Ämaal
im Winter
im ä chliinu Doorf
het schich einä vorgnu
«So, jetz gan i nimmä üs dum Hüs,
bis mi än annerä chunnt cho bsüechu.»
Dr Züefall het sus wellu,
dass schich in dischum Doorf
alli
am gliichu Tag
ds Gliicha vorgnu heint.
So heint sch gwaartut und gwaartut.
Äs het gschnit und het gschnit,
bis zer Poort
bis ze Feischter.
Dr Ofu isch üsggangu.
Ds Wasser isch igfrooru.
Äs Tagsch sind d Vorrät üfgibrüchti gsi.
Bald dernaa isch einä nam anneru gschtoorbu.
«Neii Mamma! So tarfsch di Gschicht nit la üfheeru!»
het mr minä Jungschtu gseit.
Schrib dü: «Zum Glick het s in dem Doorf nu Jungini gka,
wa Projuventutemarkä verchöift heint».

Poort → Türe

Rolf Hermann

TAGÄSABLOIF

Ubär di Port vam Frigor
schtolziert ä Härdu wiissbrü-
gfläkktär Chie. Iri Ggloggä
littunt durchs ganz Hüs.

Vollär Freid schlikk i zwei
grieni Lüchtschtift und tüa
afaa d Wonig putzu. Darnä
nimm i ds härt Brot us där

Plastiggtäschu und wärf us
inu Komposcht. Därna
schtopf i d Wandärschtrimpf
va miiner Froi. Darnä

värflüach i di Bläägga va där
Talkshow, bis där Bildschirm
bidäkkt isch mit Schpeibäta.
Und wänn im Hinärgrund di Bärga,

wa mit Schnee bidäkkt sind,
inär Abundsunnu glänzunt
und d Chie gmolchni sind,
fin i unär miinu Fingernägil

d Schpurä va mä flottu Tag.

Port → Türe
Schpeibäta → Spucke

Rolf Hermann
ZÜEGAB

Vill wichtigär als d Schpielig
Isch was därna chunnt.

Ds Fillu vam Schpielchaschtu
Mit noium Wassär.

Rolf Hermann
SCHUPPUFLÄCHTU

Di Salbi bringt
Nit vill.

Ds Jukku isch
Schlimmär als därvor.

D Hüt lest schich
In immär gressru Fätza.

Scho lüchtut durch
D Schpiztä va du Fingär

Di unärgeeundi Sunnu.

lest schich → löst sich

Rolf Hermann

DS FLIGÜGITTÄR-GÜDICHT

Du uf dar andru Situ,
Ganz uf dar andru Situ.
Ich uf dischar Situ,
Ganz uf dischar Situ.

Du uf där andru Situ,
Ganz uf där andru Situ.
Ich uf dischär Situ,
Ganz uf dischär Situ.

Du uf dar ändru Situ,
Gänz uf dar ändru Situ.
Ich uf dischar Situ,
Gänz uf dischar Situ.

Dü üf där andrü Sitü,
Ganz üf där andrü Sitü.
Ich üf dischär Sitü,
Ganz üf dischär Sitü.

Dü üf där ändrü Sitü,
Gänz üf där ändrü Sitü.
Ich üf dischär Sitü,
Gänz üf dischär Sitü.

Rolf Hermann

DS BÄRGOR

Hinär du Bärgä
Ubär du Bärgä
Uf du Bärgä

Hinär du Orä
Übär du Orä
Uf du Orä

Inu Orä
Inu Bärgä

Inu Bärgä
Inu Orä

Rolf Hermann

ÄS LIEBÄSGIDICHT

An ä sätigu Täg läs i in mindeschtens
dri Häftjini mis Horoskop.
Wie tüt mu sus nummu üshaltu mit mier?
Äs fehlt mer di Giduld,
fär di dräkkigu Schtrimpf üfzläsu.
Und di ganzu offnu Gidicht- und Prosabänd
näbu und unärum Näscht.
Ich weiss nit, wie gsund das isch,
zwei Monat vor ischum achtu Hoochzitstag.
Abär – da steits ja – d Schtärnä meinunts güot mit iisch,
oi wännsch an är Wälbi va dära Grimpilchammru chläbunt.

Wälbi → Decke

Rolf Hermann

HUNGÄR (NA DIER)

In miinu Traim brännunt
alli driusibzig Charzä
ach gimmer ä biz Heib
us diiner Hand schmäkkt
alläs frischär als uf du
Mattä va du gglikklichschtu
Schwarznasuschaf wit
ubär dum Tal

Heib → Heu

Rolf Hermann

ÜFFAHRT

Wänn dä di Prozession afaat
Und d Müsig tüat afaa schpilu,
Lägg i mi widär zu dier ins Bätt
Und zupfu im zweiviertil Takt
(Wie anu Sitä va dära Ängilsharfu)
Anu Harlini zwischu diinu Paggä.

Därna schtimm i äs Hallelujah a
Und schtigu mit dum Jesus grad
Inu Himmil.

Ludwig Imesch
LÄBUNSLÖÜF

Tüe lachu,
säg: Mammi,
säg: Pappi,
gib ds Handschi,
mach «Winki»,
mach ds Schtinki,
nimm ds Milchji,
nimm ds Theeli,
tüe lachu!

Tüe schaffu,
sii fliissigs
sii frindlichs,
sii heflichs,
sii riewigs,
tüe schaffu,
nit gaffu,
nit laffu,
nit flüechu,
nit röüku,
nit hüöru,
nur schaffu!

Bliib liggu,
tüe folgu,
miss ds Fieber
nimm ds Theeli,
nimm ds Pilli,
nit mottu
nit wehru,

bliib liggu,
tue schlafu,
tüe schlafu,
ferthi
nummu no schlafu ...

riewigs → ruhig
laffu → trinken, saufen
mottu → bewegen

Hannes Taugwalder

Ich mag
niä gibeitu
bis wer
Fiärabund heint.
Und bi jedesmal
froh,
wänn är
verbi ischt.

gibeitu → erwarten

Hannes Taugwalder

Wenn d'Zitig
üftüescht,
gib ra zerscht
rächts und lings
eis um d'Ohre.
Schi list schich
derna vil liächter.

Hannes Taugwalder

JÜTZ IMAL

Zum jützu
müescht alleinzigu si.
Im Lerchwaldji
di Geiss hietu,
uf der Furra schtaa
und d Säggessa wetzu.
Oder vom Grat
ins Tal imbri lotzu,
wo dini alti Liäbschti
gheiratni ischt.

Zum jützu
müescht Doheimu
Heimwee ha.
Müescht gschpiru,
wiä der Wind
der d Seel üsschrisst
und uber alli Bärga fort
zum Himmel treit.

Dü müescht gschpaltus si,
als gebs di nimma mee –
und als hets di
öü niä gigää.
Aber jützu müescht
was d üssa bringscht!

Chum, jütz imal!

imbri lotzu → hinunterschauen

Hannes Taugwalder

Wenn in Amerika
d'Nationalhymna
erteent,
legunt alli d'Hand
uf z'Härz.
In der Schwyz
tient schi alli
in Hosusack.

KURZBIOGRAFIEN UND TEXTNACHWEIS

Franz Aebischer
*1941 in Alterswil (FR). Lehrer, Aussteiger, Philosoph und Poet. Betreibt einen
Alpfriedhof auf der Alp Spielmannda über dem Schwarzsee. Lebt zeitweise in Freiburg.
www.alpspielmannda.ch.
D'Waale, Ds Fernsee, aus: Schwarzpeter Josi's Umvurtowig. Bouquinerie du
Tilleul, Freiburg 1977. © beim Autor.
D Bomba, aus: Wätterpricht. Bouquinerie du Tilleul, Freiburg 1978. © beim Autor.

Endo Anaconda
*1955 in Burgdorf (BE). Siebdruckerlehre in Wien. Seit 1985 Sänger, ab 1989 bei
«Stiller Has». Texter und Kolumnist. Lebt in Bern. www.stillerhas.ch.
wiehnacht, wanderer, ängle, aus: Hasentexte. © Limmat Verlag, Zürich 1999.

Anna Maria Bacher
*1947 im Pomattertal (Val Formazza, Italien). Lehrerin. Schreibt seit 1988 Gedichte
im seltenen Walser-«Titsch», mehrere davon vertont und international aufgeführt.
Lebt in Brendo (I).
Dem Toot, Im Wênter, Frintschaft, Lengsams Tzit, I ga der enki Wägiê, Punéigä,
aus: Wê im ä Tröim. Verlag Walservereinigung Graubünden, Chur 2006. © bei der
Autorin.
Färgêsti nit, Dini Werter, aus: Gägäsätz – Contrasti – Gegensätze. Verlag Wir
Walser, Brig 2001. © bei der Autorin.
Übersetzungen der Gedichte von Kurt Wanner.

Linard Bardill
*1956 in Chur (GR). Studierte Theologie. Schreibt seit 1986 Bühnenprogramme,
Lieder, Romane und Geschichten. Lebt in Scharans. www.bardill.ch
Im Traum hani a Maa erschlaaga, D'Schwyz am Morge, Immer no dä Glanz, aus:
Aufs Leben los. Limmat Verlag, Zürich 2007. © beim Autor.

Raphael Bertschinger
*1980 in Wetzikon (ZH). Grafiker. Seit 1998 als «BRP» Mitglied der Rap-Band «wort-
luut». Lebt in Wetzikon. www.wortluut.ch.
ä chlini reis, Ich bi hüt da. © beim Autor.

Anton Bruhin
*1949 in Lachen (SZ). Kunstgewerbeschule Zürich. Maler, Texter (Palindrome) und
Maultrommler. Lebt in Schübelbach.
hüt am morge, muess ghöri au richte, aus: Entwürfe, MundArt, Nr. 48, Dezember
2006. © beim Autor.

Ernst Burren

*1944 in Oberdorf (SO). Lehrer. Schreibt seit 1970 Gedichte, Hörspiele und Theaterstücke für Radio und Fernsehen. Lebt in Oberdorf.

schwirigi zite, aus: Chrüzfahrte. © Cosmos Verlag, Muri bei Bern 2003.

immer s gliche gwicht, d wiehnacht losloh, geits ächt wies mues, gueti prothese, zentrauverrigelig, s guudige hochzit, villecht es anders mou, s witerläbe nach em tod, aus: derfür und derwider. © Zytglogge Verlag, Oberhofen 1991.

Romano Cuonz

*1945 in Chur (GR). Lehrer. Seit 1978 Redaktor bei Radio DRS, Journalist, Publizist, Schriftsteller und Naturfotograf. Lebt in Sarnen. www.cuonz.ch.

Herbschtzaiber im Wald, aus: Wenn d Sunnä dura Näbel schynd. Nussbaum-Verlag, Sarnen 1988. © beim Autor.

Julian Dillier

1922 Sursee (LU)-2001. Ab 1949 Redaktor bei Radio DRS, bis 1987 im Studio Basel. Schrieb Gedichte, Theaterstücke und Hörspiele in Obwaldner Mundart.

Mänschä sind mängisch, Stammtischschimpflyrik, aus: Gedankä, wo barfuess chemid. Nussbaum-Verlag, Sarnen 1973. © bei Emma Dillier-von Rotz, Basel.

Novämber, Nachd im Bahnhof, aus: Innerschweizer Schriftsteller. Texte und Lexikon. Raeber, Luzern 1977. © bei Emma Dillier-von Rotz, Basel.

Tod vomene Pangsioniertä, aus: Mändschä sind mängisch wie Gäärtä. J.P. Peter, Gebr. Holstein, Rothenburg ob der Tauber 1978. © bei Emma Dillier-von Rotz, Basel.

Angscht, aus: Stimmrächt. Verlag Maihof, Luzern 1984. © bei Emma Dillier-von Rotz, Basel.

Bsuäch im Altershäim, aus: Gesammelte Gedichte. 1970-1998. Raeber, Luzern 2001. © bei Emma Dillier-von Rotz, Basel.

Oscar Eckhardt

*1960 in Chur (GR). Doktor der Philologie. Deutschlehrer und Kolumnist beim «Bündner Tagblatt». Lebt in Chur.

An Art a Lääbenslauf, aus: gsait isch gsait. Bündner Tagblatt Verlags-AG, Chur 1994. © beim Autor.

Ernst Eggimann

*1936 in Bern (BE). Sekundarlehrer, Grossrat. Schreibt lautmalerische Mundartlyrik, Psalmen, Essays, Hörspiele und Theaterstücke. Lebt in Langnau (BE).

we n er gieng, dubinidu, weiter, fluechfuge, we n e chue, e tummi chue, e gueti chue, du gueti chue, eduwiss, mir schwizzer si fliissig, üsi schwizz, aus: Heikermänt. Arche Verlag, Zürich 1971. © beim Autor.

langsam rede, aus: E Satz zmitts id Wäut. Arche Verlag, Zürich 1981. © beim Autor.

Barbara Egli

1918 Wila (ZH)-2005. Primarlehrerin, Malerin und Schriftstellerin. Schrieb Mundart-Lyrik und -Prosa.

Witfrau, Für e Puurefrau, aus: Säiltänzler. GS-Verlag, Zürich 1982. © N. + F. Egli, Brütten

A de Haltistell vom Tram, aus: Uuströimt. GS-Verlag, Erlenbach 1984. © N. + F. Egli, Brütten

Felix Epper

*1967 in Gossau (SG). Kneipier im «Kreuz», Solothurn. Persönlicher Mitarbeiter von Ständerat E. Leuenberger. Seit 1995 Veröffentlichungen von Prosa und Lyrik. Lebt in Solothurn. www.felu.ch

Lichesufe, Wönigli, Mörgeli. © beim Autor.

Fetch (Joël Gernet)

*1980 in Basel (BS). Studiert Soziologie, Medienwissenschaft und Ethnologie. Radio-Moderator und seit 1997 Mitglied der Hip Hop-Band «Brandhärd». Lebt in Arlesheim. www.brandhaerd.ch

El Nino. © beim Autor.

Chlöisu Friedli (Werner Niklaus Friedli)

1949 Bern (BE)-1981. Boogie-, Blues- und Jazz-Pianist, Bandmitglied, Gelegenheitsarbeiter, Autor und Mundart-Blues-Sänger.

Beize-Blues, aus: Das Gesetz des Waldes. Fata Morgana, Bern 1993.

Fritz Gafner

*1930 in Stein am Rhein (SH). Sekundarlehrer, Pfarrer, Leiter des Ev. Kindergärtnerinnen-Seminars Zürich. Schreibt Poesie und Prosa für Radio und Theater. Lebt in Zürich.

Meerzetüpfe, aus: Eben Bilder. Meier Verlag, Schaffhausen 2003. © beim Autor.

Hans Peter Gansner

*1953 in Chur (GR). Studierte Germanistik, Romanistik, Philosophie, Kunst-, Theater und Filmwissenschaft. Gymnasiallehrer, Theaterkritiker, Publizist, Mitarbeiter bei Radio DRS. Lebt in Troinex (F).

Dr Iszit-Blues, aus: Sbrinzlas – Funken – Scintille. Pro Lyrica, Schaffhausen 2005. © beim Autor.

Daniel Goetsch

*1968 in Zürich (ZH). Studierte Jura. Schreibt Romane und Theaterstücke. Lebt in Berlin (D).

Wipkingen unplugged, aus: Entwürfe, MundArt, Nr. 48, Dezember 2006. © beim Autor.

Eugen Gomringer
*1925 in Bolivien. Studierte Nationalökonomie und Kunstgeschichte. Diverse Professuren in Deutschland. «Vater» der Konkreten Poesie. Lebt in Rehau (D).
schwiizer, dörf i, bisch xii, aus: worte sind schatten. Rowohlt, Reinbek 1969.
© beim Autor.

Greis (Grégoire Vuilleumier)
*1979 in Bern (BE). Studierte Politik, Publizistik, Wirtschafts- und Sozialgeschichte.
Rap-Musiker bei «PVP» und solo-Auftritte. Lebt in Basel. www.greis.ch.
Dounia, aus: Grégoire Vuilleumier/Basil Anliker: Dounia. CD. © beim Autor.

Stefanie Grob
*1975 in Bern (BE). Dramatikerin. Schreibt Theaterstücke und Kurzgeschichten.
Mitglied des Spoken-Word-Ensembles «Bern ist überall». Lebt in Zürich.
www.stefaniegrob.ch.
I kennä der Kenä. © bei der Autorin.

Rolf Hermann
*1973 in Leuk-Susten (VS). Germanist, Gymnasiallehrer. Schreibt Lyrik in Mundart
und Hochdeutsch, Prosa, Performancetexte und Radiofeatures. Lebt in Biel (BE).
Tagäsabloif, Ds Bärgor, Züegab, Schuppuflächtu, Ds Fligügittär-Güdicht, Äs Liebäsgidicht, Hungär (na dier), Üffahrt. © beim Autor.

Franz Hohler
*1943 in Biel (BE). Studierte Germanistik und Romanistik. Seit 1965 freischaffender
Kabarettist und Schriftsteller. Lebt in Zürich. www.franzhohler.ch
s Läbe, Herbschtgedicht, dr Tod, aus: Vierzig vorbei. Luchterhand Literaturverlag,
München 1988. © beim Autor.

Ursula Hohler
*1943. Mittelschullehrerin, Psychologin mit eigener Praxis, Ausbildnerin. Schreibt
Mundartlyrik. Lebt in Zürich. www.ursulahohler.ch.
Fisch, Muetter, aus: öpper het mini Chnöche vertuuschet. Books on Demand
GmbH, Norderstedt 2004. © bei der Autorin.

Erika Hössli
*1944 in Hinterrhein (GR). Primarlehrerin und Heilpädagogin. Schreibt seit 1973 in
Hinterrheiner Walser-Mundart. Lebt in Splügen.
Ich hän mini Meinig, aus: Sbrinzlas – Funken – Scintille. Pro Lyrica, Schaffhausen
2005. © bei der Autorin.

Urs Hostettler
*1949 in Bern (BE). Mathematiker. Musiker, Gründer des Verlags «Fata Morgana».
Autor von Büchern, Spielen und Mystery-Theaterstücken. Lebt in Bern.
www.fatamorgana.ch.
    zirkus, rezession, auter. © beim Autor.

Max Huwyler
*1931 in Zug (ZG). Sekundarlehrer. Schreibt Lyrik in Mundart und Hochdeutsch,
Jugendbücher und Theaterstücke. Lebt in Zug.
    arbetswääg, rezession, tschernobyl, advänt, im Altershäim, aus: Föönfäischter.
Zytglogge Verlag, Oberhofen 1987. © beim Autor.
    stroosse, entwicklig, am liichemööli, aus: De Wind hed gcheert. Zytglogge Verlag,
Oberhofen, 1993. © beim Autor.
    d Mueter züglet, aus: öppis isch immer. © orte-Verlag, Oberegg 2006.

Ludwig Imesch
1913 Randa (VS)-1996. Lehrer und Journalist im Wallis, später in Frauenfeld.
Schrieb Sachbücher, Romane und Gedichte.
    Läbunslöif, aus: Rick äs bitzji nechär. Rotten-Verag, Brig 1983.

Karl Imfeld
*1931 in Sarnen (OW). Pfarrer in Kerns, Redaktor beim «Pfarrblatt». Autor von
Mundart-Gedichten und Sachbüchern zum Obwaldner Brauchtum. Lebt in Kerns.
    är, isch langsam Zyt, hitt?, aus: Dischtlä sind ai Bliämä. Gedicht vom Chärnser-
pfarrer Karl Imfeld. Nussbaum-Verlag, Sarnen 1978. © beim Autor.
    der Zigler, aus: Vertraht churzi Gschichtli. Nussbaum-Verlag, Sarnen 1982.
© beim Autor.

Jurczok 1001
*1974 in Wädenswil (ZH). Lyriker, Rapper, Autor und Performer. Human Beatbox-
und Spoken Word-Pionier der Schweiz. Lebt in Zürich.
    Streubombe, Baustell. © beim Autor.

Robert Karch
*1949 in Basel (BS). Schriftsetzer und Buchillustrator. Schreibt Dramen, Gedichte
und Hörspiele.
    Färnseh, Komensation, Wiegelied, aus: Angst, Schmärz und Wuet. Autorenverlag
Der Stocherkahn, Herrenberg 1981.

Walter Käslin
1919 Beckenried (NW)-1998. Lehrer und Berufsberater. Schrieb Festspiele, Hörspiele,
Gedichte, Liedtexte und Erzählungen in Nidwaldner Mundart.
    Heili Welt, aus: Chäslichruid. Verlag Walter Käslin-Achermann, Beckenried 1973.

Käthi Kaufmann-Eggler
*1958 in Richterswil (ZH). Primarlehrerin. Familiennetzwerkerin und Journalistin. Schreibt Gedichte, Kolumnen und Kurzgeschichten. Lebt in London und Bern. So isch es, Schueh, aus: Mängisch überlaufts. Eigenverlag 1981. © bei der Autorin.

Stefan Keller
*1958 in Heimenhofen (TG). Studierte Germanistik, Geschichte und Philosophie. Journalist bei der WOZ. Sachbuchautor. Lebt in Zürich.
s fescht, erntedank, aus: gredt u gschribe. Verlag Sauerländer, Aarau 1987. © beim Autor.

Richi Küttel
*1973 in Berneck (SG). Organisator und Projektleiter. Autor und Herausgeber von «nerv», Poetry Slammer, Initiant der Jugend-Slam-Meisterschaft. Lebt in Haslen. Afach. © beim Autor.

Maria Lauber
1891 Frutigen (BE)-1973. Lehrerin. Schrieb Gedichte und Erzählungen in Hochdeutsch und Mundart.
Nug es Mal, aus: Gesammelte Werke. Francke Verlag, Bern 1965-1968.

Pedro Lenz
*1965 in Langenthal (BE). Schriftsteller, Performer, Kolumnist und Mitglied der Bühnenprojekte «Hohe Stirnen» und «Bern ist überall». Lebt in Bern. www.pedrolenz.ch.
Lehre wie me lehrt, Lupo. © beim Autor.

Bernadette Lerjen-Sarbach
*1942 in Visp (VS). Kindergärtnerin. Schreibt seit 1982 Gedichte/Aphorismen in Walliser Mundart. Mitglied der Walser-Vereinigung. Lebt in Zizers.
D Mäntschä, Hiitu, Bim Schriibu, Ich bi öi epper, Schii sind scho rächt, D Aschtronautu, Umwältschutz, Zum Glick, Summerglick, Schpuurä va Liebi gfunnu, Ä leidi Chrankheit, Säg mr s numaal!, Ämaal isch en Froww, Altwiibersummer, Nit emal mee, Riich, Ableesig, Ämaal im Winter, aus: En anneri Faarb. Walservereinigung Graubünden, Splügen 2000. © bei der Autorin.
Sit diinum Toot, Nummu eis Zeichu, Bis, Lengizit, Dü bisch, aus: Di Poort wäri offni. Walservereinigung Graubünden, Splügen 2004. © bei der Autorin.

Simon Libsig
*1977 in Zofingen (AG). Studierte Politikwissenschaft. Schriftsteller und Performance-Poet, Journalist bei Radio DRS. Lebt in Baden. www.simon-libsig.ch.
en Schritt wiiter goh. © beim Autor.

Walter Lietha

*1950 im Prättigau (GR). Buchhändler, Antiquar. Seit 1974 Mundart-Liedermacher, Gitarrist. Lebt in Chur. www.narrenschiff.ch.

Schatta und Liacht, aus: Sbrinzlas – Funken – Scintille. Pro Lyrica, Schaffhausen 2005. © beim Autor.

Elisabeth Mani-Heldstab

*1954 in Stilli (GR). Lehrerin, Schultherapeutin. Schreibt Lyrik im Davoser Walser-Dialekt. Lebt in Davos-Dorf.

Brugga bua, aus: Uufbruch 2005 – Ein Kalender mit Gedichten. © Walservereinigung Graubünden, Davos 2004.

Engscht, aus: Sbrinzlas – Funken – Scintille. Pro Lyrica, Schaffhausen 2005. © bei der Autorin.

Kurt Marti

*1921 in Bern (BE). Pfarrer. Mitbegründer der «Erklärung von Bern» und «Gruppe Olten». Schreibt seit 1959 Kurzgeschichten, Lyrik, politisch/religiöse Texte. Lebt in Bern.

gäb's, bärble und dr dänker, aus: Namenszug mit Mond. © Verlag Nagel & Kimche, Zürich 1996.

Mani Matter

1936 Bern (BE)-1972. Jurist. Ab 1960 Mundart-Liedermacher, Mitglied der «Berner Troubadours». www.manimatter.ch.

Aber aber aber, Was isst dr Elefant z'Mittag?, Vo Gott und Heiland het dr Leischt, aus: Sudelhefte Rumpelbuch. © Ammann Verlag & Co., Zürich 2003.

Niklaus Meienberg

*1940 St. Gallen (SG)–1993. Studierte Geschichte. Freier Korrespondent in Paris, Mitarbeiter bei diversen Zeitungen, Radio und Fernsehen.

Hend, aus: Die Erweiterung der Pupillen. © Limmat Verlag, Zürich 1981.

Gerhard Meister

*1967 in Langnau (BE). Studierte Geschichte und Soziologie. Journalist, Theaterautor, Mitglied beim Cabaretduo «Geholten Stühle» und bei «Bern ist überall». Lebt in Zürich.

dHang vom Tote. © beim Autor.

Erwin Messmer

*1950 in Staad (SG). Studierte Philosophie und Deutsche Literatur. Klavier-/Orgellehrer, Konzertorganist, Redaktor bei «orte», Lyriker und Essayist. Lebt in Bern.

Gschlaik und Gschtelaasch, Metafärä, Ä richtigs Chalb. © beim Autor.

Peter Morger

1955 in Teufen (AR)–2002. Freier Journalist und Fotograf. Schrieb Prosa und Lyrik in Mundart und Hochdeutsch. www.pemor.buz.ch.

Ä Lanze för t'Oschtschwizz, Kultuur, wa isch daa?, aus: Zeitzünder 7. ©orte-Verlag, Oberegg 1994.
S'Ää ond Öö, aus: Also schprach Schnori. ©orte-Verlag, Oberegg 2000.

Christian Mueller
*1981 in Nunningen (SO). Hochschule für Kunst. Bildender Künstler, schreibt Theaterstücke und Prosa. Lebt in Basel.
wi bini numme so wit cho?, me lauft immer gradus, ig iss mi schnäller, I wett alles ufschribe, am liebschte. ©beim Autor.

Hanspeter Müller-Drossaart
*1955 in Sarnen (OW). Schauspieler. Rollen in Film und Theater, Theaterpädagoge. Lebt in Dietikon.
OW, Im Jordan gebore, äs Gschleipf. ©beim Autor.

Balts Nill
*1953 in Bern. Studierte Germanistik und Philosophie. Sechzehn Jahre lang Musiker bei «Stiller Has». Arbeitet für Film, Theater und Radio. Perkussionist, Multiinstrumentalist. Lebt bei Bern.
heilige aabe, ching wo flötle. ©beim Autor.

Kuno Raeber
1922 Luzern (LU)–1992. Studierte Geschichte, Literatur und Philosophie. Lebte in Tübingen, Hamburg, New York und ab 1958 als freier Autor in München.
Lieslopf, Tänkt mer, Mosch ned tänke, aus: Abgewandt Zugewandt.
©Ammann Verlag & Co., Zürich 1985.

Josef Rennhard
*1931 in Böttstein (AG). Sekundarlehrer. Ab 1963 Journalist, Chefredaktor beim «Beobachter», Medienombudsmann. Schreibt Kolumnen und Gedichte. Lebt in Würenlos.
Schlofgmeind, aus: Z'Würelos. Baden-Verlag, Baden 1996. ©beim Autor.

Hubert Schaller
*1955 in Freiburg (FR). Gymnasiallehrer. Schreibt Gedichte in Hochdeutsch und Seisler Mundart. Lebt in Alterswil.
Deiche, Schüfenebrügg, A leeri Chüücha, Heschudasgsee, Famylifoto II, aus: Drùm. Deutsch-Freiburger Heimatkundeverein, Freiburg 2005. ©beim Autor.

Christian Schmid
*1947 in Boncourt (JU). Chemielaborant, Germanist. Seit 1988 Redaktor bei Radio DRS, Autor, Herausgeber, Dialektologe, Volkskundler. Lebt in Schaffhausen.
We du chunsch, Früelig chunt, Früelig, Fortschritt, aus: Öppis säge. Zytglogge Verlag, Oberhofen 1988. ©beim Autor.

Urs Schönbächler

*1955 in Schwanden (GL). Grafiker, Werber, Texter und Ideenproduzent. Schreibt Gedichte und Aphorismen. Lebt in Schwanden.

dr liäbgot mitm baard, au ä dräggetä mantl, gälbi öpfl sind gälb, aus: 058. Lapsus, Glarus 1973. © beim Autor.

Hansueli Schwaar

*1920 in Sumiswald (BE). Lehrer, Romanist, Spitzensportler. Dichter, Kenner der samischen Kultur. Lebt seit über zwanzig Jahren in Näkkälä (Lappland) und Langnau. Auphirte-Eerig, aus: Chùrzware. Licorne Verlag, Murten 1993. © beim Autor.

Manuel Stahlberger

*1974 in St. Gallen (SG). Comic-Zeichner und Liedermacher beim Duo «stahlberger-heuss» und «St. Crisco». Lebt in St. Gallen. www.stahlbergerheuss.ch. Miss Schweiz, Frau Gantebei, aus: stahlbergerheuss. CD. Kein & Aber, Zürich 2004. © bei Manuel Stahlberger und Moritz Wittensöldner.

Heinz Stalder

*1939 in Allenlüften (BE). Bau- und Kunstschlosser, Lehrer, Journalist. Schreibt Theaterstücke, Prosa und Poesie. Lebt in Kriens.

der tag isch vergange, e höret doch uf, aus: Ching hei si gnue. Benteli Verlag, Bern 1970. © beim Autor.

Heinz Stauffer

*1942 in Wattenwil (BE). Schriftsetzer, Korrektor, Lektor, Berufsschullehrer, reformierter Pfarrer. Schreibt Mundart-Erzählungen und -Gedichte. Lebt in Seftigen.

Es het sich e Name gmacht ..., aus: S geit mi ja nüt a. Francke Verlag, Bern 1978. © beim Autor.

Frässe vor Liebi, aus: Zwätschgegibele. Francke Verlag, Bern 1981. © beim Autor.

Dä u die da, aus: ... u dr Dechel druuf. Cosmos-Verlag, Muri bei Bern 1988. © beim Autor.

Beat Sterchi

*1949 in Bern (BE). Studierte Anglistik. Dozent, freier Autor. Schreibt Prosa, Theater und Hörspiele. Mitglied bei «Bern ist überall». Lebt in Bern. www.beatsterchi.ch. Sorry, Drei Schmätterlinge, Franz, Hommage: Dr Gotthäuf. © beim Autor.

Albert Streich

*1897 Brienz (BE)–1960. Schriftsetzer, Schnitzler, Uhrensteinbohrer, Strassenarbeiter und Gemeindeangestellter. Schrieb Mundart-Gedichte und Erzählungen.

Induuchlen, aus: Die schönschte Dütschschwizer Mundartgedicht. Büchler, Wabern 1983.

Wehtiends: Der Heiwwäg. Brügger, Meiringen 1961.

Susanne Stühlinger

*1985 in Kaltenbach (TG). Studiert Theaterwissenschaft. Performerin und Slampoetin, Gründerin des Jugendkulturprojekts «u16u20 poetryslam». Lebt aus dem Koffer. oh ueli. © bei der Autorin.

Hannes Taugwalder

*1910 in Zermatt (VS). Bankfachmann, Warenhausdirektor, Fabrikant. Schreibt Gedichte, Kurzgeschichten und Sachbücher. Lebt in Aarau.

Ich mag niä gibeitu, Wenn d'Zitig, Wenn in Amerika, aus: Äs verfaat appa nid. Glendyn, Aarau 1976. © beim Autor.

Jütz imal, aus: Verimbrüf und imbri. Glendyn, Aarau 1978. © beim Autor.

Trischtan Tromsig (Hans R. Burger)

*1926 in Burgdorf (BE). Studierte Germanistik und Romanistik. Seminarlehrer. Schreibt Berndeutsche Gedichte. Lebt in Bremgarten b. Bern.

Im Nachtschnällzug, aus: Trischtan Tromsigs Bärner Orangsche mit Wy und Essig. Francke Verlag, Bern 1984. © Cosmos Verlag, Muri bei Bern.

Franz Troxler

*1948 in Buochs (NW). Lehrer, Sonderschullehrer und Logopäde. Arbeitet als Lyriker und Fotograf. Lebt in Buochs (NW). www.franztroxler.ch.

Dui, aus: Dui. Mungo-Verlag, Buochs 1997. © beim Autor.

Josef Villiger

1910 Freiamt (AG)–1992. Lehrer. Schrieb Prosa, Verse und Aphorismen in Mundart.

Tannenfäller, Generationeproblem aus: Ifäll und Usfäll. Baden-Verlag, Baden 1974.

Selbstbeschimpfung, aus: Obsigänt und nidsigänt. Baden-Verlag, Baden 1976.

Walter Vogt

1927 Zürich (ZH)–1988. Röntgenarzt, Psychiater. Schrieb seit 1965 Erzählungen, Gedichte, Hörspiele und Theaterstücke.

Das Unservater, aus: Schreiben als Krankheit + Therapie. Werkausgabe Bd. 10. © Verlag Nagel & Kimche, Zürich 1992.

Claudius Weber

*1966 in Menziken (AG). Bildender Künstler, Gitarrist und Poet. Seit 1989 Ausstellungen, Interventionen, Konzerte. Lebt in Lausanne.

helveticus, gsänder ne? © beim Autor.

Heinz Wegmann

*1943 in Zürich (ZH). Sekundarlehrer, Verleger, Sprachlehrer. Schreibt Gedichte und Kurzprosa. Lebt in Uerikon.

opus 3, dolce, aus: Wartet nur. Sauerländer, Aarau 1976. © beim Autor.
Reise, ohni Wort, aus: Die kleine Freiheit schrumpft. Pendo-Verlag, Zürich 1979.
© beim Autor.

Moritz Wittensöldner
*1975 in St.Gallen. Geomatik-Ingenieur. Bis 2002 Mitglied beim Duo «Mölä &
Stahli» mit Manuel Stahlberger. Mitwirkung bei verschiedenen Bühnenprojekten.
Freischaffender Software-Entwickler und Spiele-Autor beim «arte ludens» Spiele-
verlag.
Miss Schweiz, Frau Gantebei, aus: stahlbergerheuss. CD. Kein & Aber, Zürich
2004. © bei Manuel Stahlberger und Moritz Wittensöldner.

Adolf Wölfli
1864 Bowil (BE)–1930. Verdingbub, Knecht, Handlanger und Welschheuer. Ab 1895
in der psych. Klinik Waldau interniert, wo er zeichnete und rund 25000 Seiten
schrieb. www.adolfwoelfli.ch
?Ist das mis liabi, Schwiz'r=Chind;, Schiss Duh a d'Wand, Zwo Gufa n und a
Tubak=Pfiiffa;, aus: Von der Wiege bis zum Graab oder Durch arbeiten und schwit-
zen, leiden, und Drangsal bettend zum Fluch. Verlag S. Fischer, Frankfurt a.M.
1985. © bei der Adolf Wölfli-Stiftung, Bern.

Marcel Wunderlin
1921 Liestal (BL)–1987. Grafiker im eigenen Atelier, spezialisiert auf Schriftgrafik
und Signete. Ab 1972 Mitarbeiter bei Radio DRS. Verfasser von Geschichten und
Gedichten.
Baanhof, aus: Blaui Schtunde. © Wado-Verlag, Zürich 1979.

Heidy Würth
1929 Basel (BS)–1994. Publizistin, Redaktorin von Radiosendungen und Zeitungs-
kolumnistin. Schrieb Baseldeutsche Gedichte.
Im dirre Laub, aus: E Stiggli blaue Himmel. © Verlag Lüdin, Liestal 1957.

Laure Wyss
1913 Biel (BE)–2002. Studium der Germanistik und Romanistik. Redaktorin bei
Zeitung und Fernsehen DRS. Mitbegründerin des «TagesAnzeiger Magazins».
Schrieb Romane, Erzählungen und Lyrik.
Liebesbrief, aus: Lascar. © Limmat Verlag, Zürich 1994.

Peter Wyss
*1919 in Brienz (BE). Pfarrer. Kolumnist in der Sonntagsbeilage vom Berner «Bund».
Schreibt Gedichte in Brienzer-Mundart. Lebt in Bern.
Herbschtmorgen, aus: Acht eis. Briensertiitsch Väärsa. Viktoria, Ostermundigen
1976. © beim Autor.

Daniel Zahno

*1963 in Basel (BS). Studierte Germanistik und Anglistik. Autor, Moderator und Kritiker. Seit 1996 Mitglied der Programmkommission der Solothurner Literaturtage. Lebt in Basel. www.danielzahno.ch.
Dui, aus: Im Hundumdrehen. Reihe nomaden, Band 4. © Tisch 7-Verlag, Köln 2006.

Rolf Zumbühl

*1933 in Hergiswil (NW). Kältetechniker, Computerspezialist, Lehrlingsausbildner. Mundartlyriker und Dialektologe. Lebt in Zürich.
Miär, aus: Gidichd 2000. © Haslimatt-Verlag, Zürich 2000.
Herbschd Aabig, aus: Ggsammletti Bletter. © Haslimatt-Verlag, Zürich 1996.

GEDICHTE ALPHABETISCH

kursiv = Gedichtanfang, kein Titel
* = ist auf der CD «igajanumenechligalose»

194

AUTORINNEN UND AUTOREN ALPHABETISCH

EDITORISCHE NOTIZ

Im Jahr 1996 entwarf ich mein fünftes Sprechspektakel: «uukhoogaguat!». Anhand von Dialekt-Gedichten «reist» das Publikum durch verschiedene Deutschschweizer Mundartregionen. Auf der Suche nach Dialektliteratur durchforschte ich in der Schweizerischen Nationalbibliothek in Bern etwa 600 Bücher. Von 25 000 Texten nahm ich 1200 in meine Sammlung auf, 60 davon fanden schliesslich Verwendung im Sprechspektakel. Das ist wenig. Aber die vorwiegend älteren Verse beschreiben einen Alltag, der uns heute fremd ist. Sie sind oft ortsbezogen oder sprachlich wenig spannend. Neuere Dialektgedichte hat es in der Nationalbibliothek kaum, da in den letzten Jahren Mundartlyrik keine grosse Leserschaft angezogen hat und darum wenig verlegt wurde. 2004 startete gemeinsam mit dem Limmat Verlag die Realisierung der lang gehegten Idee, meine Dialektgedichte-Sammlung in Buchform herauszugeben, und ich intensivierte meine Suche.

Um zeitgemässe Texte von jüngeren Mundart-Autorinnen und Autoren zu finden, gelangte ich an Lokalzeitungen und Lokalradiostationen der deutschen Schweiz, ohne Ergebnis. Auch bei den Dialektforschungsinstituten der Universitäten hatte ich keinen Erfolg; man befasse sich mit Sprachgrenzen, Lautverschiebungen und so weiter, aber nicht mit Literatur.

In Rap und Hip Hop oder an Poetry-Slams ist die Verwendung von Dialekt «cool». Von einigen der sechzig angefragten Mundart-Bands erhielt ich denn auch gute Lyrics, nur: Rap-Texte eignen sich meist nicht zum Lesen, da der Beat fehlt und die Szene-Ausdrücke für Outsider nicht verständlich sind. Ähnlich ist es mit der Slam Poetry, sie wird explizit für einen Liveauftritt verfasst. Aber ein paar der jungen Mund-Artistinnen und Artisten schreiben auch Gedichte und bereichern nun mit frischen, frechen Texten diese Anthologie.

Jeder Dialekt hat seinen einzigartigen Klang, seinen Wortschatz und seine besonderen Ausdrucksmöglichkeiten. Vielerorts sind die Klänge und Wörter leider am Verschwinden und werden von der jüngeren Generation nicht mehr benutzt oder nicht mehr verstanden. Deshalb haben wir einzelne Wörter in einer Fussnote übersetzt, wo sie aus dem Textzusammenhang nicht erschlossen werden könnten.

«igajanumenechligaluege» ist kein Lexikon, worin alle Dialekte und alle Mundart-Autorinnen und Autoren vertreten wären. Meine Auswahl ist subjektiv; eine andere Editorin hätte anders ausgelesen. Mein Ziel war, dass die Gedichte die Leserinnen und Leser berühren, erstaunen und bereichern.

Ursula Fölmli

IGAJANUMENECHLIGALOSE
Gelesen von Ursula Fölmli und mit Tönen von Balts Nill

Parallel zu diesem Buch erscheint eine Auswahl der Gedichte auf der CD «igajanumenechligalose», gelesen von Ursula Fölmli. Es erklingt das Deutsch aus Basel und Bern, Zürich und Appenzell, aus der Ost- wie der Innerschweiz, dem Wallis, Graubünden samt Walserdeutsch.

01 **Beat Sterchi** SORRY | 1:07   BERN
02 **Ernst Eggimann** LANGSAM REDE | 2:26   BERN
03 **Kurt Marti** GÄBS | 1:20   BERN
04 **Hans Ulrich Schwaar** AUPHIRTE-EERIG IM EGGIWYU | 1:22   BERN
05 **Maria Lauber** NUG ES MAL | 1:16   BERN
06 **Franz Hohler** S LÄBE | 0:47   SOLOTHURN
07 **Ernst Burren** SCHWIRIGI ZITE | 0:57   SOLOTHURN
08 **Hubert Schaller** A LEERI CHÜÜCHA | 0:59   FREIBURG
09 **Marcel Wunderlin** BAANHOF | 1:19   BASEL-LAND
10 **Christian Mueller** ME LAUFT IMMER GRADUS | 0:32
　　　　　　　　　　　　　　　　BASEL-LAND/SOLOTHURN
11 **Christian Mueller** WIE BINI NUMME SO WIT CHO? | 0:45
　　　　　　　　　　　　　　　　BASEL-LAND/SOLOTHURN
12 **Heidy Würth** IM DIRRE LAUB | 1:08   BASEL-STADT
13 **Robert Karch** FÄRNSEH | 0:25   BASEL-STADT
14 **Robert Karch** KOMPENSATION | 0:25   BASEL-STADT
15 **Robert Karch** WIEGELIED | 0:53   BASEL-STADT
16 **Eugen Gomringer** SCHWIIZER | 1:14   ZÜRICH
17 **Eugen Gomringer** DÖRF I | 1:03   ZÜRICH
18 **Barbara Egli** FÜR E PUUREFRAU | 0:57   ZÜRICH
19 **Barbara Egli** WITFRAU | 1:35   ZÜRICH
20 **Heinz Wegmann** OHNI WORT | 1:15   ZÜRICH
21 **Max Huwyler** ARBETSWÄÄG | 0:28   ZUG
22 **Max Huwyler** ENTWICKLIG | 0:30   ZUG
23 **Max Huwyler** STROOSSE | 0:48   ZUG
24 **Peter Morger** Ä LANZE FÖR T'OSCHTSCHWITZ | 0:54
　　　　　　　　　　　　　　　　APPENZELL AUSSERRHODEN
25 **Peter Morger** S'ÄÄ OND ÖÖ | 1:37   APPENZELL AUSSERRHODEN
26 **Erwin Messmer** GSCHLAIK UND GSCHTELAASCH | 1:17   ST. GALLEN
27 **Stefan Keller** ERNTEDANK | 0:59   THURGAU

199

28 **Stefan Keller** S FESCHT | 1:31 THURGAU
29 **Oscar Eckhardt** AN ART A LÄÄBENSLAUF | 1:35 GRAUBÜNDEN
30 **Walter Lietha** SCHATTA UND LIACHT | 1:11 GRAUBÜNDEN
31 **Linard Bardill** IM TRAUM | 0:47 GRAUBÜNDEN
32 **Anna Maria Bacher** I GAA DER ENKI WÄGJÊ | 1:31 GRAUBÜNDEN
33 **Hanspeter Müller-Drossaart** ÄS GSCHLEIPF | 0:44 OBWALDEN
34 **Julian Dillier** MÄNSCHÄ SIND MÄNGISCH | 0:56 OBWALDEN
35 **Karl Imfeld** ISCH LANGSAM ZYT | 1:05 OBWALDEN
36 **Karl Imfeld** GWISSESFRAG | 0:41 OBWALDEN
37 **Walter Käslin** HEILI WELT | 1:09 NIDWALDEN
38 **Franz Troxler** DUI | 1:43 NIDWALDEN
39 **Kuno Raeber** MOSCH NED TÄNKE | 1:22 LUZERN
40 **Bernadette Lerjen-Sarbach** D MÄNTSCHÄ | 0:49 WALLIS
41 **Bernadette Lerjen-Sarbach** ICH BI ÖI EPPER – SCHI | 0:40 WALLIS
42 **Bernadette Lerjen-Sarbach** ÄMAAL | 0:46 WALLIS
43 **Bernadette Lerjen-Sarbach** SCHPUURÄ VA LIEBI | 0:26 WALLIS
44 **Bernadette Lerjen-Sarbach** SÄG MR S NUMAAL! | 0:41 WALLIS
45 **Rolf Hermann** SCHUPPUFLÄCHTU | 0:49 WALLIS
46 **Rolf Hermann** ZÜEGAB | 0:41 WALLIS
47 **Hannes Taugwalder** WENN D'ZITIG | 0:37 WALLIS
48 **Ludwig Imesch** LÄBUNSLÖÜF | 1:40 WALLIS
49 **Hannes Taugwalder** JÜTZ IMAL | 1:47 WALLIS

Gesamtspieldauer 53:10
ISBN 978-3-85791-521-5